Ronald Holzmann

AF194811

Zugabe Radetzky-Marsch

Moderationen zu Neujahrskonzerten

Ronald Holzmann

Zugabe Radetzky-Marsch

Moderationen zu Neujahrskonzerten

Herstellung und Verlag: BoD – Books on Demand, Norderstedt
ISBN: 9 783753 401409

Der Autor

Ronald Holzmann ist in der Uhrenstadt Furtwagen im Schwarzwald geboren und aufgewachsen.

Er studierte die Fächer Musik und Deutsch für das Lehramt an
Realschulen und war über vierzig Jahre an verschiedenen Schulen in Südbaden tätig.

Von 1995 bis zum Eintritt in den Ruhestand 2013 leitete er die
Realschule am Mauracher Berg in Denzlingen.

Er lebt in Gundelfingen bei Freiburg.

Für Christine

Vorwort

Eduard Muri (1938 – 2011) war ein Schweizer Dirigent. Er gründete die Konzertagentur ARTEMUS und veranstaltete viele Jahre lang u.a. Neujahrskonzerte, die er sich mit Moderation wünschte. Nachdem sein langjähriger Moderator, ein Musikredakteur von Radio DRS, aus Altersgründen ausschied, bat er mich, diesen Part fortan zu übernehmen.

Ich habe die drei Neujahrskonzerte mit der Südwestdeutschen Philharmonie (jeweils zweimal in der Tonhalle Zürich und einmal im KKL Luzern) ab 2002 insgesamt elf Jahre moderiert.

2002 fand außerdem eine weitere Aufführung mit leicht verändertem Programm im Konzerthaus Freiburg statt.

Wie es dazu kam

Alles wäre nicht geschehen, wenn meine Mutter und Frau Widmer nicht gemeinsam die Furtwanger Volksschule besucht hätten.

Bei einem Jahrgangs-Schülertreffen stellten beide fest, dass ihre Kinder Musikinstrumente spielten und ihr Hobby in Jugendkapellen ausübten.

Frau Widmer war in Zürich verheiratet und hatte Furtwangen vor 22 Jahren deshalb verlassen. Ihre beiden Kinder spielten in der Jugendmusik Zürich 11 (Stadtteil Oerlikon), und ich war Klarinettist in der damals neu gegründeten Jugendkapelle der Stadtmusik Furtwangen.

Diese Jugendmusik Zürich war ein Orchester aus 80 Jungen und Mädchen, war in der Schweiz als hervorragendes Blasorchester bekannt, doch es war noch nie im Ausland aufgetreten. Deshalb regte Frau Widmer an, dass in ihrer Heimatstadt Furtwangen die Auslandspremiere stattfinden sollte.

Eine Delegation aus Furtwangen wurde im Frühjahr 1969 zu einem Konzert nach Zürich eingeladen. Nach diesem Konzert sollten die ersten Kontakte geknüpft werden.

Als Vertreter der Jugendkapelle gehörte ich dieser Delegation an. Wir besuchten das Konzert, von dem wir so beeindruckt waren, dass wir es kaum wagten, in das anschließend geplante Gespräch als zukünftige Partner zu gehen. Zu groß erschien uns der qualitative Unterschied der beiden Jugendorchester. Wir waren etwa 30 Jungmusiker, die Schweizer waren ein großes Sinfonisches Blasorchester, was man damals in unsere Region so noch nicht gekannt hatte.

Doch das Gespräch (bei einer „Stange" Bier) verlief positiv. Wir vereinbarten, dass die Züricher am 6. Oktober desselben Jahres über das Wochenende Furtwangen besuchen würden. Höhepunkt sollte ein gemeinsames Konzert in der Festhalle werden. Wir würden die Musiker in den Familien der Stadtmusik beherbergen, und ein späterer Gegenbesuch sei erwünscht. Die Presse berichtete von „Jugendmusik Zürich begeistert Furtwangen" und „...war man von der vollendeten Interpretation und der atemberaubenden Präzision vollauf begeistert, die Zürcher spielten unter der ausgezeichneten Leitung des bekannten Dirigenten, Musikdirektor Eduard Muri, der auch das Basler Sinfonieorchester leitet. Muri riß mit seinem suggestiven Stil die jungen Musiker musikalisch mit."
Doch auch unsere Konzertbeiträge wurden gelobt.
Ich hatte die Aufgabe übernommen, unser Programm zu moderieren, was in Furtwangen nicht üblich gewesen war; da jedoch das Gastorchester mit einer jungen Moderatorin auftrat, übertrug mir unser Dirigent Josef Hummel den Moderationspart.

Nach dem Konzert lobte mich Eduard Muri: „Sie haben ganz toll angesagt!"
So lernte ich ihn kennen.

Ich war damals 19 Jahre alt, Eduard Muri war 31, also ein sehr junger Dirigent, über den die Furtwanger Presse zu berichten wusste: „Muri wird im nächsten Frühjahr für drei Monate in New York ein Sinfonieorchester leiten. Auch dirigierte er schon in der berühmten Mailänder Scala."
Was damals noch keiner wusste: Beim geplanten Gegenbesuch würde Josef Hummel nicht mehr unser Dirigent sein. Im Frühjahr 1970 trat er, für alle überraschend, von seinem Amt zurück.

Ich übernahm die Leitung der Jugendkapelle.
Ich stand kurz vor dem Abitur und begann danach im Oktober mein Studium an der PH Freiburg.

Man fragte mich, ob ich es mir zutrauen würde, die Jugendkapelle im Mai 1971 beim Gegenbesuch in Zürich zu dirigieren, was ich zusagte.

Auch über dieses gemeinsame Konzert gibt es sehr positive Presseberichte: „Das Publikum war begeistert – auch die beiden Dirigenten Eduard Muri und Ronald Holzmann machten zufriedene Gesichter."

Nach dem Konzert saß ich am Tisch mit Eduard Muri zusammen und er bot mir das „Du" an.
„Meine Freunde nennen mich Edy", waren seine Worte.

Danach sind wir uns immer wieder einmal begegnet. Er lud mich ein zu einem Konzert mit seinem Basler Sinfonieorchester ein, das in der Basler Martinskirche stattfand. Unvergesslich ist mir die sehr schöne Interpretation von Schuberts 3. Sinfonie in Erinnerung geblieben.

Edy hatte zwischenzeitlich eine Konzertagentur gegründet: ARTEMUS
Er arbeitete als Gastdirigent der „Südwestdeutschen Philharmonie Konstanz" und führte mit diesem Orchester regelmäßig Neu-

jahrskonzerte in Zürich und Luzern und weitere Konzerte im Verlaufe eines Jahres durch.

Im Jahre 2001 entdeckte ich ein Plakat in der Freiburger Innenstadt, dass ein Konzert mit diesem Orchester unter seiner Leitung im Konzerthaus Freiburg angekündigt war.

Ich rief ihn an und sagte, dass meine Frau und ich das Konzert besuchen würden. Er schlug vor, dass wir danach noch gemeinsam zum Essen gehen sollten, und ich reservierte Plätze im „Kleinen Meyerhof".
Während des Essens fragte er mich, ob ich Lust hätte, künftig seine Neujahrskonzerte zu moderieren. Sein langjähriger Moderator, Walter Wewel von Radio DRS, würde aus Altersgründen nicht mehr zur Verfügung stehen.

Und so kam es:
Ich moderierte von 2002 bis 2012 (mit einer Unterbrechung) seine drei Konzerte mit der „Südwestdeutschen Philharmonie", jenem Orchester, das ich als Jugendlicher oft live noch unter dem vormaligen Namen „Bodensee-Sinfonieorchester Konstanz" in der Furtwanger Festhalle erlebt hatte.
Vor allem die Konzerte im KKL (Luzern), das mit 1.900 Zuhören immer ausverkauft war, werden mir unvergessen bleiben. Doch auch in der ehrwürdigen Tonhalle Zürich zu moderieren, war immer ein großes Erlebnis für mich.

Von Jahr zu Jahr kränkelte Edy mehr und mehr: Hörsturz, Herz-, Kreislaufprobleme machten ihm zu schaffen. Die letzten Jahre dirigierte er nur den zweiten Konzertteil und überließ den Anfang eines Konzerts jüngeren Dirigenten.
Im Sommer 2011 starb Edy Muri in einem Zürcher Krankenhaus. Das Programm für Neujahr hatte er noch festgelegt und mit mir kurz vor seinem Tod noch abgesprochen.
Es dirigierte Kevin Griffiths, und ich moderierte ein letztes Mal.

Tonhalle Zürich

KKL Luzern

Mikrofonprobe im KKL

Zürich
Tonhalle
Grosser Saal

ARTEMUS
KONZERTE
ZÜRICH

Luzern
KKL
Konzertsaal

Sergei Nakariakov
Dimitri Ashkenazy
Bläser-Solisten der
Berliner Philharmoniker
Patrizio Mazzola
Dmitry Sitkovetsky
Victor Tretjakov
Katia & Marielle Labèque

Artemus-Konzertzyklus
2001/2002
Künstlerische Leitung Eduard Muri

Die Konzertreihe der klassischen Programme
mit berühmten Solisten

TicketCorner.ch
0848 800 800

Eduard Muri

Studium an den Musikakademien von Zürich und Basel (Erich Schmid). Weitere Impulse erhielt er von Rafael Kubelik und István Kertész.

Gründer und künstlerischer Leiter der Weihnachts-Sinfoniekonzerte sowie der Neujahrskonzerte in Zürich und Luzern. Eduard Muri pflegt heute bewusst das sinfonische Repertoire der Klassik und Romantik. Nebst der Südwestdeutschen Philharmonie, die er seit 1972 regelmässig und oft dirigiert, leitete Eduard Muri auch andere bedeutende Orchester wie: Stuttgarter Philharmoniker, Württembergische Philharmonie, Philharmonisches Orchester Erfurt, Dubrovnik Festival Orchestra, RAI-Orchester Mailand, Radio-Sinfonieorchester Kopenhagen, Orchestre Symphonique de Lille usw.

Foto: Madeleine Legler

Mit Eduard Muri musizierten bedeutendste Interpreten, so u.a. Maurice André, Rudolf Buchbinder, Shura Cherkassky, Vladimir Feltsman, Andor Foldes, Nelson Freire, Bruno Leonardo Gelber, Peter-Lukas Graf, Ursula Holliger, Ulf Hoelscher, Václav Hudeček, Nikita Magaloff, Jeremy Menuhin, Marie Luise Neunecker, Güher und Süher Pekinel, Konstantin Scherbakov, Josef Suk, Isabelle van Keulen, Antje Weithaas.

Eduard Muri hatte in seiner Jugend oft die Gelegenheit, bei den Internationalen Musikfestwochen Luzern IMF die grössten Dirigenten des vergangenen Jahrhunderts – Furtwängler, Karajan, Klemperer, Fricsay, Kubelik, Jochum, Solti – bei Proben und Konzerten live zu erleben. In diesen eindrücklichen musikalischen Früherlebnissen, die seinen Dirigier- und Musizierstil für sein ganzes Leben geprägt haben, ist die Interpretationsweise Eduard Muris begründet.

Patrizio Mazzola

Geboren bei Genua/Italien; deutsch-italienischer Abstammung, aufgewachsen in der Schweiz. Im Alter von dreizehn Jahren Eintritt in die Klasse von Hubert Harry, Lehr- und Solistendiplom mit Auszeichnung am Luzerner Konservatorium. Edwin-Fischer-Gedenkpreis und Anerkennungspreis der Stadt Luzern. Mehrere Auftritte an den Luzerner Musikfestwochen.

Seine Interpretationen russischer Klaviermusik werden allgemein bewundert (CD-Produktion aller 24 Préludes von Sergei Rachmaninow). Er setzt sich auch für das Schaffen von Schweizer Komponisten der Vergangenheit und Gegenwart ein (2002 Auftritt in der Wigmore Hall London mit einem spezifisch schweizerischen Programm mit CD-Aufnahmen). Zusammenarbeit mit verschiedenen Orchestern und Dirigenten, u.a. R. Baumgartner, A. Fiedler, Eduard Muri, H. Griffiths, P. Sacher, K. Zehnder.

Lehrtätigkeit an den Hochschulen für Musik in Bern und Luzern.

Ronald Holzmann

Geboren und aufgewachsen in der Uhrenstadt Furtwangen im Schwarzwald.

Nach dem Abitur folgte ein Studium an der Pädagogischen Hochschule Freiburg/Breisgau in den Fächern Germanistik und Musik: Klarinettenunterricht bei Albert Kaiser, Gesangsunterricht bei Professor Dieter Kern, Chorleitung bei Siegfried Lustig sowie Professor Wolfgang Schäfer und Professor Günther Weiss.

Seit 1973 arbeitete er als Lehrer an verschiedenen Schulen in Süddeutschland (Donaueschingen, Freiburg). 1990 erhielt er einen Lehrauftrag für Musikdidaktik am Staatlichen Seminar für die Ausbildung für das Lehramt an Realschulen und bildete jahrelang junge Musiklehrer aus. Seit 1995 ist er Rektor der Realschule am Mauracher Berg in Denzlingen bei Freiburg.

Bekannt durch Gedicht- und Balladenvorträge, Prosalesungen und Moderationen.

Neben seinem Hauptberuf als Schulleiter arbeitet er heute schwerpunktmässig auf dem Gebiet der Literatur in Verbindung mit der Musik, z.B. als Erzähler im musikalischen Märchen «Peter und der Wolf» von Sergei Prokofjew.

17

2002

In der Regel moderiere ich immer erst nach dem 1. Musikstück, weshalb dann zwei Kompositionen zusammengefasst werden.

*

Rossini: „Der Barbier von Sevilla", Ouvertüre
W.A. Mozart:
4. Satz aus der Sinfonie Nr. 41 (Jupiter), Allegro vivace

„Rossini betrat ein im Viereck gebautes verwahrlostes Haus. Es roch nach Käse, Heringen und Branntwein. Signor Carpani, ein musikliebender Herr von der Gesandtschaft des Kirchenstaates, begleitete den Maestro.

‚Ah, Rossini, der Komponist des >Barbiere di Seviglia<, sagte der Mann, in dessen Wohnung man sie eingelassen hatte.

Der unbefangene Carpani, der schon oft bei Beethoven gewesen war und sich auskannte, nahm eines der Konversationshefte vom runden Tisch in der Mitte. Er schrieb in das Heft die Huldigung, die Rossini ihm diktierte.

Beethoven blieb stehen und las, was Carpani soeben geschrieben hatte.

‚Vielen Dank', sagte er auf Italienisch, und meinen Glückwunsch! Euer ‚Barbiere' ist eine ausgezeichnete Buffo-Oper. Ich habe sie mit Vergnügen gelesen, denn ich höre ja nichts. Man wird sie spielen, solange es eine italienische Oper gibt. Versucht aber bitte nie etwas anderes als komische Opern! Es wäre eine Sünde, wenn ein Rossini in einem anderen Genre Erfolg suchen wollte."

Diese Begegnung in Wien 1817 schildert uns der Rossini-Biograf Gerhard Schwarz.

Meine Damen und Herren, ich begrüße Sie sehr herzlich heute Abend zu „Höhepunkten der klassischen Musik."

Eduard Muri und die Südwestdeutsche Philharmonie präsentieren Ihnen wieder einmal eine Auswahl der schönsten und deshalb auch bekanntesten und beliebtesten Melodien der Musikge-

18

schichte, und ich freue mich, dass ich Sie durch dieses Programm führen darf.

Zu Beginn hörten Sie Rossinis Ouvertüre zur Oper „Der Barbier von Sevilla". Diese Oper gehört zusammen mit ihrer heiteren Ouvertüre heute zu den meistgespielten auf den Bühnen der Welt, und das hat Beethoven damals wohl richtig eingeschätzt.

Kaum zu glauben, dass sie bei ihrer Uraufführung 1816 in Rom zunächst beim Publikum durchfiel, weil der junge Rossini aus Pesaro, das liegt in Norditalien, sich anmaßte, den selben Stoff zu behandeln, den der Neapolitaner Giovanni Paisiello bereits als Oper auf die Bühne gebracht hatte. Das römische Publikum hatte ihm das zunächst sehr verübelt, doch der Siegeszug des „Barbiere" ließ sich nicht aufhalten.

Bleiben wir in unserem 1. Programmteil in Wien – allerdings etwa 25 Jahre vor dieser Begegnung zwischen Rossini und Beethoven. Eine ganze Musikepoche ist nach dieser Stadt benannt, man spricht von der „Wiener Klassik" mit ihren Hauptvertretern Haydn, Mozart und Beethoven.
Wien ist aber auch die Stadt noch vieler anderer bedeutender Musiker nach dieser Zeit: Schubert, Brahms, und natürlich ist Wien auch die Stadt des Walzers. Wir werden im 2. Programmteil unsere musikalische Reise wieder in Wien beenden mit Johann Strauß und Franz von Suppè.

Wolfgang Amadeus Mozart hat in seinem nur 35 Jahre dauernden Leben 41 Sinfonien komponiert. Die erste im zarten Alter von acht Jahren. In seiner Wiener Zeit entstanden allerdings nur noch fünf.
Einige seiner Sinfonien haben später Namen erhalten. Sie wurden benannt nach dem Ort ihrer Entstehung oder ihrer Uraufführung: Die Pariser -, die Linzer -, die Prager Sinfonie.

Seine drei letzten Sinfonien 1788 muss man jedoch als Einheit betrachten, als Trilogie, in der Musikliteratur findet sich sogar der sakrale Begriff des Triptychons: Sinfonie Nr. 39 in Es-Dur, Nr. 40 in g-moll und seine letzte, Nr. 41 in C-Dur, die nach Mozarts Tod den Beinamen „Jupiter" erhalten hat. Wer und wann diese letzte Mozart-Sinfonie nach dem römischen Göttervater „Jupiter" benannt hat, weiß man nicht. Aber bedeutende Mozart-Biografen nehmen an, um ihre Majestät und ihren Glanz zu bezeichnen, eben als Krönung von Mozarts sinfonischem Schaffen, habe man sie „göttlich" benannt.

Genau 100 Jahre nach Mozarts Tod schrieb Hermann Kretzschmar in seinem „Führer durch den Konzertsaal, Leipzig 1891: „Es lebt etwas Antikes in ihr: eine erhabene Heiterkeit und ein Schönheitsgefühl. Ihr erster Satz klingt mit seinem Eingangsthema an den festlichen Ouvertürenton Mozarts an; aber schon nach dem ersten Komma wird der Charakter innerlich, und so bildet nicht nur dieses Thema, sondern der ganze Allegro-Satz eine meisterhafte und erquickende Verbindung von äußerer, glänzender Schilderei und edlem Seelenausdruck..."
Hören Sie nun aus dieser Jupiter-Sinfonie den ersten Satz:
Allegro vivace

Franz Schubert:
Zwischenaktmusik Nr. 3 B-Dur aus „Rosamunde"

Sechs Jahre nach Mozarts Tod in Wien wurde in derselben Stadt Franz Schubert geboren.
Über sein armseliges Leben wissen wir alle Bescheid. Er besaß bis kurz vor seinem Tod nicht einmal ein eigenes Klavier. Schubert komponierte über 600 Lieder, er komponierte aber auch Sinfonien; diese jedoch nur für die Schublade. Nicht eine einzige seiner acht erhaltenen Sinfonien (eine davon blieb unvollendet) wurde von einem Orchester zu Schuberts Lebzeiten einmal aufgeführt. Die Wiener jubelten damals einem anderen Star zu, und

dieser ließ neben sich in Wien dem schüchternen Franz Schubert keine Gelegenheit. Gemeint ist Beethoven.

Auf der Suche nach einem persönlichen Orchesterstil hat sich Schubert nicht nur an seinem Vorbild Beethoven orientiert, sondern auch von Rossini inspirieren lassen. So vor allem in seinen beiden Ouvertüren im italienischen Stil von 1817 oder in der Schauspielmusik „Rosamunde, Fürstin von Cypern", nach einem Text von Helmine von Chézy.

Hören Sie als Nächstes hieraus die berühmte Zwischenaktmusik Nr. 3, B-Dur.

Doch zuvor noch eine Anmerkung:

Als Beethoven 1827 in Wien beerdigt wurde, waren ca. 20 000 Menschen anwesend, unter ihnen ein Fackelträger, den kaum einer kannte, Franz Schubert, zu dessen Freundeskreis aber der Dichter Franz Grillparzer gehörte.

Dieser schrieb in einem Gedicht über seinen Freund:

Franz Schubert

Schubert heiß' ich, Schubert bin ich,
Und als solchen geb' ich mich,
Was die Besten je geleistet,
Ich erkenn' es, ich verehr' es,
Immer doch bleibt's außer mir.
Selbst die Kunst, die Kränze windet,
Blumen sammelt, wählt und bindet,
Ich kann ihr nur Blumen bieten,
Sichtet sie und – wählet ihr.
Lobt ihr mich, es soll mich freuen,
Schmäht ihr mich, ich muss es dulden.
Schubert heiß' ich, Schubert bin ich,
Mag nicht hindern, kann nicht laden,
Geht ihr gern auf meinen Pfaden,
Nun, wohlan, so folget mir.

Ludwig van Beethoven:
Die drei letzten Sätze der Sinfonie Nr. 6 „Pastorale"
(nur im Konzerthaus Freiburg)

Von Ludwig van Beethoven war eben schon die Rede.
Zu den Höhepunkten klassischer Musik gehören auch seine neun Sinfonien, die bekanntesten davon sind die Nr.5 (Schicksalssinfonie) und die Nr.6, die den Beinamen „Pastorale" trägt. So verschieden diese beiden Werke auch sind, man muss wissen, dass sie gleichzeitig, also nebeneinander entstanden sind. Sie wurden auch in *einem* Konzert uraufgeführt.
Beethoven lebte damals einige Zeit in Heiligenstadt, einem Wiener Vorort, auf dem Lande, wo er hoffte, sein Gehörleiden lindern zu können. Das Hadern mit seinem Schicksal, bereits mit 30 Jahren taub zu werden, findet Ausdruck in seiner 5. Sinfonie und auch in einem Brief, den er an seine beiden Brüder verfasst, aber niemals abgeschickt hat, dem so genannten Heiligenstädter Testament; mit Datum vom 6. Oktober 1802 schreibt Beethoven:
„O ihr Menschen, die ihr mich für feindselig, störrisch oder misanthropisch haltet oder erkläret, wie unrecht tut ihr mir, ihr wisst nicht die geheime Ursache von dem, was euch so scheinet. Aber bedenkt nur, dass seit sechs Jahren ein heilloser Zustand mich befallen, durch unvernünftige Ärzte verschlimmert, von Jahre zu Jahr in der Hoffnung, gebessert zu werden, betrogen, musste ich mich früh absondern, einsam mein Leben zubringen ... und doch war's mir noch nicht möglich, den Menschen zu sagen: Sprecht lauter, schreit – denn ich bin taub!
So war es denn auch dieses halbe Jahr, was ich auf dem Lande zubrachte, soviel als möglich mein Gehör zu schonen. Aber welche Demütigung, wenn jemand neben mir stund und von weitem eine Flöte hörte und ich nichts hörte oder jemand den Hirten singen hörte, und ich auch nichts hörte; solche Ereignisse brachten mich nahe an Verzweiflung, es fehlte nicht wenig, und ich endigte selbst mein Leben – nur sie, die Kunst, hielt mich zurück!"

Was Beethoven nicht mehr hören konnte, klang in ihm: In seiner Pastoral-Sinfonie schildert er Naturereignisse, wenngleich er schreibt – mehr Empfindung als Malerei.

1. Satz: Erwachen heiterer Gefühle bei den Ankunft auf dem Lande
2. Satz: Szene am Bach (an deren Schluss Vogelstimmen – Nachtigall, Wachtel und Kuckuck - zu hören sind)

Die Sätze 3, 4 und 5 gehen ohne Unterbrechung ineinander über.

Eduard Muri und die Südwestdeutsche Philharmonie werden nun – vor der Pause - diesen Teil der „Pastorale" für sie spielen.

Die Satzbezeichnungen lauten:
3. Lustiges Zusammensein der Landleute
4. Gewitter, Sturm
5. Hirtengesang – Frohe und dankbare Gefühle nach dem Sturm

Dieser Hirtengesang ist – für mich – eine der schönsten Melodien, die Beethoven jemals geschrieben hat.

Statt Beethoven erklang **in Zürich und Luzern**
Peter I. Tschaikowsky:
Klavierkonzert Nr. 1 b-Moll op. 23, 1. Satz

Es gibt eine ganze Reihe von Musikstücken, von denen die meisten Menschen nur die Anfangstakte kennen. Das berühmteste Beispiel ist für mich die Eingangsfanfare in der Tondichtung „Also sprach Zarathustra" von Richard Strauss.

Das Klavierkonzert Nr. 1 von Peter Tschaikowsky zählt auch zu diesen Kompositionen. Alle kennen den grandiosen Anfang, aber oft nicht mehr, schon gar nicht den 2. oder 3. Satz dieses Solokonzertes.

Peter Iljitsch Tschaikowsky ist der am häufigsten aufgeführte russische Komponist. Er gilt als der Musiker des russischen Volkes, dessen Musik gesellschaftliche Zustände widerspiegelt. Literarisch und philosophisch hoch gebildet, mit mehreren Sprachen vertraut, war er westeuropäischen Einflüssen gegenüber sehr aufgeschlossen, besonders der deutschen, italienischen und französischen Musik. Mozart war sein Idol, Bizets „Carmen" seine Lieblingsoper, Beethovens sinfonisches Schaffen war für ihn Vorbild.

In unserem Programm werden wir nun die Epoche der Wiener Klassik verlassen. Das 19. Jahrhundert, das Zeitalter der Romantik, ist in der Musik durch viele Nationale Schulen vertreten. Nach der Pause werden Sie mit zwei Slawischen Tänzen von Anton Dvorak ein Beispiel tschechisch-slawischer Musik hören.

Doch folgen Sie uns zunächst nach Russland. Tschaikowsky hat einige bekannte Solokonzerte geschrieben: eines für Violine und Orchester; auf den Konzertprogrammen findet sich auch oft sein Konzert für Violoncello und natürlich das berühmte Klavierkonzert Nr. 1 in b-moll aus dem Jahre 1875.
Tschaikowsky wollte dieses Konzert dem weltbekannten Pianisten Nicolai Rubinstein widmen und spielte ihm den Klavierpart vor. Der Pianist jedoch weigerte sich, das Konzert zu spielen, teils wegen „Unspielbarkeit", teils wegen „schlechter, plumper, abgedroschener oder gestohlener Passagen", wie er bemerkte. Der Komponist widmete daraufhin das Konzert dem Dirigenten Hans von Bülow, der bei der Uraufführung am 25. Oktober 1875 in Boston den Solopart spielte. Der Weltruhm des dreisätzigen Konzerts ließ nicht lange auf sich warten.
Alle Pianisten von Rang hatten es und haben es im Repertoire; selbst Rubinstein setzte das Tschaikowsky-Konzert später vielfach auf seine Programme, z. B. bei der Pariser Weltausstellung von 1878.

Der 1. Satz daraus ist überschrieben mit „Allegro non troppo" – also – nicht zu schnell im Tempo – e molto maestoso – majestätisch soll es klingen.

Meine Damen und Herren, begrüßen Sie mit mir den Solisten des heutigen Abends, der uns, begleitet von der Südwestdeutschen Philharmonie unter Eduard Muri, dieses Meisterwerk darbieten wird:
Patrizio Mazzola

Antonin Dvorák:
Slawische Tänze Nr. 3 As-Dur und Nr. 8 g-moll
Charles Gounod: Ballettmusik aus „Faust"

Antonin Dvorák schrieb im Sommer 1878 eine erste Reihe „Slawischer Tänze", in Anlehnung an Johannes Brahms' „Ungarische Tänze", die wenige Jahre zuvor sehr erfolgreich zusammen mit dem Verleger Simrock verbreitet worden waren. Wie Brahms komponierte auch Dvorák zunächst für Klavier zu vier Händen, er orchestrierte aber auch gleichzeitig diese acht „Slawischen Tänze" , damit sie so klingen, wie Sie sich eben zu Beginn des 2. Programmteils überzeugen konnten.
Sie hörten die Nr.2, „Polka" und den Slawischen Tanz Nr. 8, „Furiant".

Folgen Sie uns nun mit dem nächsten Vortrag nach Westeuropa, nach Frankreich.
Charles Gounod kannte die großen Komponisten, die vor ihm gelebt hatten, sehr genau. Allen voran: Johann Sebastian Bach. Die wohl berühmteste Komposition Gounods ist eine wunderschöne „Ave-Maria-Vertonung". Er hat dabei genial einfach oder einfach genial Bachs C-Dur-Präludium aus dem „Wohltemperierten Klavier" als Begleitstimme verwendet und darüber jene Melodie gelegt, die in beinahe jeder Hochzeitskirche erklingt.

Seine tiefe Religiosität – er unterzeichnete seine Briefe gern mit Abbé Gounod - fand in vielen kirchenmusikalischen Werken Ausdruck.

Auf dem Gebiet der Oper wurden Wolfgang Amadeus Mozart und auch Gioacchino Rossini seine Vorbilder.

Weltruhm errang er schließlich 1859 mit seiner Oper „Faust", die in Deutschland nach der eigentlichen Heldin des Stückes in „Margarethe" umbenannt wurde.

In der französischen Oper des 19. Jahrhunderts spielt das Ballett eine noch größere Rolle als in der italienischen oder in der deutschen.

In Gounods „Faust" gibt es sieben Ballettmusiken.

Hören Sie nun sechs davon, und zwar:

1. Les Nubiennes (Allegretto – Tempo di Valse)
2. Danse antique (Allegretto)
3. Variations de Cleopatre (Moderato maestoso)
4. Les Troyennes (Moderato con moto)
5. Variations de miroir (Allegretto)
6. Danse de Phryné (Allegro vivo)

Johann Strauß (Sohn): „G'schichten aus dem Wienerwald"

Meine Damen und Herren, ich habe es bereits vorher angekündigt, dass wir wieder nach Wien zurückkehren werden, aber jetzt in das Wien einige Jahrzehnte nach Mozart und Schubert.

Aus den Vorläufern Menuett und Ländler ist damals ein neuer Tanz entstanden, der als ungeheuer revolutionär galt. Der ¾-Takt war so schnell geworden, dass sich das Tanzpaar wie eine Walze drehte; dabei musste der Herr seine Dame ganz fest in den Armen halten, und in der gemeinsamen Drehbewegung konnte man schwindelerregende Augenblicke erleben.

In Wien wirkten Ende des 19. Jahrhunderts einige Musiker, die solche Walzerklänge quasi am laufenden Band produzierten. Aber keiner konnte das besser als Johann Strauß Junior.

Sein Rezept war einfach: Einer langsamen, meist meditativen Introduktion folgen nacheinander mehrere Walzermelodien, wobei sich lediglich die Tonart ein wenig verändern kann. Am Schluss werden die einprägsamsten Melodien noch einmal in Kurzform wiederholt. Das Tempo wird gesteigert – wir Musiker nennen das die Coda – und der Walzer findet so seinen glanzvollen Schlussakkord.

Einer seiner Konzertwalzer hat eine ganz besonders meditative Einleitung: Eine Zither spielt solo eine weltberühmte Melodie.

Für mich gibt es nur zwei weltberühmte Zither-Melodien: das ist zum einen jene Melodie, die Filmgeschichte geschrieben hat: Die Musik zu „Der dritte Mann" und zum andern die Melodie, die wir jetzt gleich in der Einleitung zu Johann Strauß' Walzer „G'schichten aus dem Wiener Wald" hören werden.

Die Solo-Zither spielt Rolf Beckert.

Franz von Suppè:
„Ein Morgen, ein Mittag, ein Abend in Wien", Ouvertüre

Francesco Ezechiele Ermengildo Cavalieri Suppè Demelli war der geniale Mitbegründer der Wiener Operette, die aus der heiteren Opera buffa entstanden war.

In seinen Adern floss wienerisches und belgisches Blut, geboren wurde er in der dalmatinischen Hafenstadt Split, kam aber nach dem Tod seines Vaters nach Wien um dort – Jura zu studieren.

Aber er spürte sehr bald, dass ihn Notentexte mehr als juristische Texte begeistern.

Mit 21 Jahren war er bereits Kapellmeister am Theater in der Josephsstadt, später im Theater an der Wien.

Seinen unaussprechlich langen Namen verkürzte er kunstvoll französisch in Franz von Suppé.

Aus seiner Feder stammen so populäre Operetten wie „Die schöne Galathee", „Dichter und Bauer", „Banditenstreiche" und „Leichte Kavallerie".

Das Konzert mit Höhepunkten der klassischen Musik geht zu Ende mit Franz von Suppés Ouvertüre zu „Ein Morgen, ein Mittag, ein Abend in Wien."

Das Solo-Cello spielt John Wennberg.

Meine Damen und Herren, die Südwestdeutsche Philharmonie, Eduard Muri und ich wünschen Ihnen ein gesundes, erfolgreiches Neues Jahr.

Zugabe:

Die Zugabe des Orchesters folgt.
Hören Sie (noch einmal) Tschaikowsky, dieses Mal nicht schwermütig russisch, sondern Italien liebend, wie er es auch war, den Schlussteil (Presto) aus dem „Capriccio italien".

Meine Zugabe, das sind „Wünsche an das neue Jahr", wie sie in der Bergischen Volkszeitung 1864, also zu Tschaikowskys Zeit" zum Jahreswechsel erschienen waren:

Du neues Jahr, sei ein Jahr des Lichtes, der Liebe und des Schaffens!
Bringe den Menschen die Krone des Lebens, und lasse die Kronen dieses Lebens menschlich sein.
Setze dem Überfluss Grenzen und lasse die Grenze überflüssig werden.
Gib allem Glauben seine Freiheit und mach' die Freiheit zum Glauben aller. Nimm den Ehefrauen das letzte Wort und erinnere die Ehemänner dagegen an ihr erstes.
Lasse die Leute kein falsches Geld machen, aber auch das Geld keine falschen Leute. Schenke unseren Freunden mehr Wahrheit und der Wahrheit mehr Freunde. Gib den Gutgesinnten eine gute Gesinnung;

lasse die Wissenschaft Wissen schaffen. Bessere solche Beamten, die wohl feil, aber nicht wohlfeil und wohl tätig, aber nicht wohltätig sind, und lasse die, die rechtschaffen sind, auch recht schaffen.

Gib unserem Verstand Herz und unserem Herzen Verstand, auf dass unsere Seele schon hier selig wird.

Sorge dafür, dass wir alle in den Himmel kommen – aber noch lange nicht!

Artemus Konzerte Zürich

Abendprogramm

Neujahrskonzert

Sinfonische Delikatessen
zum Auftakt des neuen Jahres

Südwestdeutsche Philharmonie
Eduard Muri · Dirigent

Ronald Holzmann · Moderation

Zürich – Grosser Tonhallesaal
Freitag,   3. Januar 2003, 19.30 Uhr
Samstag, 4. Januar 2003, 19.30 Uhr

Luzern – KKL Konzertsaal
Donnerstag, 2. Januar 2003, 19.30 Uhr

Eduard Muri

Eduard Muri studierte an den Musikakademien von Zürich und Basel (Erich Schmid). Weitere Impulse erhielt er von Rafael Kubelik und István Kertész. Er ist Gründer und Leiter der Weihnachts-Sinfoniekonzerte und der Neujahrs-konzerte in Zürich und Luzern. Eduard Muri pflegt heute bewusst das sinfo-nische Repertoire der Klassik und Romantik. Nebst der Südwestdeutschen Philharmonie, die er seit 1972 regelmässig und oft dirigiert, leitete er auch viele andere bedeutende Orchester.

Eduard Muri, dessen Interpretationsstil durch musikalische Früherlebnisse bei den Internationalen Musikfestwochen Luzern geprägt worden ist, wo er die grossen Dirigenten des vo-rigen Jahrhunderts – Furtwängler, Karajan, Klemperer, Fricsay, Kubelik, Jochum, Solti – live in Konzerten und bei Proben erleben konnte, musizierte mit einer Reihe der bedeutendsten Interpreten: Maurice André, Rudolf Buchbinder, Shura Cherkassky, Nelson Freire, Bruno-Leonardo Gelber, Katia und Marielle Labèque, Nikita Magaloff, Jeremy Menuhin, Güher und Süher Pekinel, Konstantin Scherbakov, Dmitry Sitkovetsky, Solisten der Berliner Philharmoniker, Josef Suk, Isabelle van Keulen u. a.

Südwestdeutsche Philharmonie

Der als Städtisches Orchester in Konstanz gegründete Klangkörper hat sich in seiner Geschichte viel-fältigen Aufgaben gestellt und erfolgreich allen Veränderungen in seinem Umfeld Rechnung getragen. Heute liegt der Schwerpunkt der künstlerischen Arbeit auf Sinfoniekonzerten, die z.B. jeden Monat im historischen Konstanzer Konzilgebäude zu hören sind. Jedoch verzeichnet das Orchester auch eine grosse Nachfrage nach oratorischen Aufführungen mit Chören aus der ganzen Region. Die traditionel-len Neujahrskonzerte unter Eduard Muri zeigen durch den starken Besucherandrang das Interesse auch an heiteren und beschwingten Tonschöpfungen.

Das Repertoire des Orchesters umfasst sämtliche Bereiche klassischer Musik. Zahlreiche Solisten von Weltruf gaben im Laufe der Zeit Gastspiele mit der Südwestdeutschen Philharmonie, unter anderem Géza Anda, Rudolf Buchbinder, Justus Frantz, Homero Francesch, Aurèle Nicolet, Boris Pergamenschi-kow, Vladimir Ashkenazy, Alexis Weissenberg, Katia Ricciarelli, Gundula Janowitz, Yehudi Menuhin, René Kollo, Maurice André, Henryk Szeryng, Mstislav Rostropowitsch.

Ronald Holzmann

Geboren und aufgewachsen in der Uhrenstadt Furtwangen im Schwarzwald. Nach dem Abitur folgte ein Studium an der Pädagogischen Hochschule Frei-burg im Breisgau in den Fächern Germanistik und Musik. Klarinettenunter-richt bei Albert Kaiser, Gesangunterricht bei Professor Dieter Kern, Chorlei-tung bei Siegfried Lustig sowie Professor Wolfgang Schäfer und Professor Günther Weiss.

Seit 1973 arbeitete er als Lehrer an verschiedenen Schulen in Süddeutsch-land (Donaueschingen, Freiburg). 1990 erhielt er einen Lehrauftrag für Mu-sikdidaktik am Staatlichen Seminar für die Ausbildung für das Lehramt an Realschulen und bildete jah-relang junge Musiklehrer aus. Seit 1995 ist er Rektor der Realschule am Mauracher Berg in Denzlingen bei Freiburg.

Bekannt durch Gedicht- und Balladenvorträge, Prosalesungen und Moderationen.

Neben seinem Hauptberuf als Schulleiter arbeitet er heute schwerpunktmässig auf dem Gebiet der Li-teratur in Verbindung mit der Musik, z.B als Erzähler im musikalischen Märchen «Peter und der Wolf» von Sergei Prokofjew.

Carl Maria von Weber
1786 – 1826
Aufforderung zum Tanz op. 65
(orchestriert von Hector Berlioz)

Ludwig van Beethoven
1770 – 1827
Türkischer Marsch aus «Ruinen von Athen» op. 113
Marsch aus «Fidelio» op. 72 b
Triumphmarsch aus «Tarpeja» WoO2 a

Peter I. Tschaikowsky
1840 – 1893
Schwanensee, Suite op. 20 a
Scène: Moderato
Valse: Tempo di valse
Danse des cygnes: Allegro moderato
Danse hongroise: Czardas
Danse espagnole (Tempo di Bolero)
Danse napolitaine (Allegro moderato)

Anja Brandt · Solo–Trompete

Alexander Borodin
1833 – 1887
Polowetzer Tänze aus «Fürst Igor»

Franz von Suppé
1819 – 1895
Die schöne Galathée
Ouvertüre

Johann Strauss Sohn
1825 – 1899
Tritsch-Tratsch-Polka op. 214
Annen-Polka op. 117 (Polka française)
Unter Donner und Blitz, Polka schnell op. 324

Franz Lehár
1870 – 1948
Gold und Silber
Walzer op. 79

Jacques Offenbach
1819 – 1880
Orpheus in der Unterwelt
Ouvertüre

René Kubelik · Solo-Violine

2003

Carl Maria v. Weber: Aufforderung zum Tanz op. 65
Ludwig van Beethoven: Drei Märsche für Orchester

„Se vuol ballare, Signor Contino?"
„Will der Herr Graf ein Tänzchen nun wagen?
Mag er's mir sagen, ich spiel ihm auf!"
„Zum Tanze, da geht ein Mädel mit güldenem Band, das schlingt
sie dem Burschen ganz fest um die Hand."
Meine sehr verehrten Damen und Herren:
Es gibt viele Zitate zum Thema „Tanz", denn sich zur Musik zu
bewegen, das ist ein ureigenes Bedürfnis des Menschen, überall
auf der Welt.

„Aufforderung zum Tanz", das ist gleichsam das Motto des
gesamten Programms unseres diesjährigen Neujahrskonzerts.
Hören und genießen Sie heute Abend „Musikalische Delikatessen", die alle in irgendeiner Beziehung zum Tänzerischen stehen.
Dass Carl Maria von Weber in Eutin, in Norddeutschland geboren wurde, war mehr oder weniger ein Zufall. Seine Eltern waren
beide alemannischer Herkunft, kamen aus meiner engeren Heimat, dem badischen Schwarzwald. Der Vater war Leiter einer
Wanderbühne, mit der er, als der kleine Carl geboren wurde,
eben zufällig hoch oben im Norden Deutschlands gastierte.
Webers Schnellwalzer, „Aufforderung zum Tanz" ist eine Klavierkomposition, und wir verdanken es Hector Berlioz, dem
großen Meister der Instrumentation, dass dieser Walzer auch
von einem sinfonischen Orchester gespielt werden kann, mit all
seinem Schwung und seiner Eleganz, wie Eduard Muri und die
Südwestdeutsche Philharmonie es eben zu Beginn unter Beweis
gestellt haben.
Übrigens: Diese Komposition ist der erste Schnellwalzer der
Musikgeschichte. Was später Johann Strauß, Franz Lehár, Emil
Waldteufel und wie sie alle heißen so berühmt gemacht hat! Carl

Maria von Weber hatte mit „Aufforderung zum Tanz" den Grundstein zu dieser damals neuen musikalischen Gattung gelegt.

Auch der Marsch, meine Damen und Herren, wird zu den Tanzformen gezählt, obwohl die meisten Menschen das Wort Marsch mit militärischem Einherschreiten assoziieren.
Aber denken Sie an die barocken Fürstenhäuser in Europa, wo Musiker die ständige Aufgabe hatten, ihren König oder Fürsten glanzvoll erscheinen zu lassen.
Über den Ursprung des Marsches als Musikform gibt es eine Ansicht, dass dieser aus den Trommler- und Pfeiferstücken des Spätmittelalters hervorgegangen sei.
Das muss ähnlich geklungen haben wie beim „Basler Morgenstraich".
Eine andere Meinung greift noch weiter zurück und sieht den Keim in den Pilgerliedern des frühen Mittelalters.
Nach der Barockzeit finden wir Festmärsche bei Mozart („Idomeneo"), weltberühmt sind die Märsche Schuberts für Klavier zu vier Händen, und natürlich bei Ludwig van Beethoven.
In der „Eroica" gibt es einen Trauermarsch, in seiner 9. Sinfonie kann er Schillers Worte „... laufet, Brüder, eure Bahn wie ein Held zum Siege!" natürlich nur als Marsch komponieren.

Beethovens einzige Oper „Fidelio" enthält einen berühmten Marsch, weniger bekannt sind Märsche in Beethovens Schauspielmusiken: „Türkischer Marsch" aus „Ruinen von Athen" und ein Triumpf- Marsch für das heute völlig vergessene Trauerspiel „Tarpeja" von Christoph Kuffner.
Er wird so selten aufgeführt, dass Eduard Muri sich sicher ist: Selbst ein so ehrwürdiger Saal wie diese Tonhalle hat diesen Marsch noch nie gehört!
Hören Sie als Nächstes: Drei Märsche für Orchester
        Türkischer Marsch
        Marsch aus „Fidelio" und

Triumpfmarsch aus „Tarpeja"

Eine Bitte noch:

Genießen Sie diese drei Märsche als Einheit und applaudieren Sie erst zum Schluss, dann aber, wenn Sie möchten, dreifach!

Alexander Borodin: Polowetzer Tänze aus „Fürst Igor"

Fürst Igor bereitet einen Krieg gegen die Polowetzer vor, die sein Reich bedrohen.

So steht das im Opernführer zu lesen, meine Damen und Herren, und ich konnte damit überhaupt nichts anfangen.

Viele Komponisten aus der 2. Hälfte des 19. Jahrhunderts waren von nationalen Ideen beeinflusst, auch Alexander Borodin, im Hauptberuf Chemiker und Chirurg.

In seiner Oper „Fürst Igor" geht es um russische Geschichte des Mittelalters.

Die Komanen, das ist ein türkischer Volksstamm, dringen so vor etwa tausend Jahren nach Russland ein.

Dort nennt man sie die Polowetzer.

Den Höhepunkt der Oper bringt der zweite Akt mit dem Feldlager der Polowetzer Truppen. Die schöne Fürstin Kontschakowna liebt Igors Sohn Wladimir, und er liebt sie, und die Väter stehen sich in kriegerischen Auseinandersetzungen gegenüber.

Na, wenn das kein Opernstoff ist?!

Dieser 2. Akt wird mit einem glanzvollen Tanzfest beschlossen.

„Fürst Igor", meine Damen und Herren, steht in den Operncharts nicht an erster Stelle, aber die „Polowetzer Tänze" haben diese Oper berühmt gemacht und sie gehören zu den musikalischen Delikatessen des heutigen Abends!

Peter Tschaikowsky: Schwanensee, Suite op. 20a

Angefangen hat es an italienischen Fürstenhöfen des 15. Jahrhunderts. Da wurden in großen Ballsälen zur Unterhaltung des adligen Publikums kunstvolle Tänze dargeboten. Für diese Tänze entwickelte sich besonders in Frankreich allmählich ein verbindliches System von Fuß- und Armbewegungen – Schritten, Drehungen, Sprüngen. Daraus entwickelte sich ein Spitzentanz, aber die Tänzer konnten sich nur ganz kurze Zeit auf den Fußspitzen halten, weil es die geblockten Spitzenschuhe noch nicht gab. Ende des 19. Jahrhunderts verlagerte sich das Zentrum der Ballettkunst nach Russland.

Peter Tschaikowsky schrieb drei berühmte Ballettmusiken:
„Der Nussknacker", ein Weihnachtsmärchen, „Dornröschen"
und natürlich weltbekannt:
„Schwanensee"
Für alle Zuschauer wird etwas geboten: Den Kindern gruselt es vor dem Zauberer, die Väter schwärmen die Schwanenmädchen an und die Mütter den Prinzen. Über all dem schwebt die Musik Tschaikowskys, so schön, dass Theatersitze vor Rührung erweichen. „In meiner Musik sind die Qual und Ekstase der Liebe ausgedrückt", sagte er einmal.
Qual und Ekstase! – die beiden Pole im Leben des Komponisten. In „Schwanensee" heißen sie Odile und Odette, zwei Prinzessinnen, die um Siegfrieds Seele kämpfen. In Odette, die Gute, verliebt sich der Prinz, während die raffinierte Odile ihn böse leiden lässt. Verführt hat ihn die Letztere – das ist im Ballett nicht anders als im Leben!
Sind Sie neugierig geworden auf die Musik zu dieser Handlung? Wenn ja, dann lehnen Sie sich zurück und genießen Sie die sechs Tanzsätze aus dem Ballett „Schwanensee":

1. Satz: Scène: Moderato
2. Satz: Valse
3. Satz: Danse des cyngnes (Tanz der Schwäne)
4. Satz: Danse hongroise (Ungarischer Tanz)
5. Satz: Danse espagnole (Spanischer Tanz)
6. Satz: Danse neapolitaine

Die Solo-Trompete spielt Anja Brandt

Franz v. Suppè: Die schöne Galathée, Ouvertüre
Johann Strauß: Tritsch-Tratsch-Polka op. 214

Die Operette ist die beschwipste Schwester der Oper, sagt man.
Alle Komponisten unseres zweiten Programmteils, meine Damen
und Herren, haben Operetten komponiert und sind damit weltberühmt geworden: Franz von Suppè, Johann Strauß, Franz
Lehár in Wien und Jacques Offenbach in Paris.
Drei Hauptstädte spielen in der Geschichte der Operette eine
besondere Rolle: Paris (etwa ab 1850), Wien, ca. 10 Jahre später
und Berlin (um 1900).
Hier wurden die Operetten uraufgeführt, und hier entschied sich
auch, ob sie erfolgreich wurden oder nicht.
Operetten sind immer auch mit Tanz eng verbunden:
Bei Jacques Offenbach finden wir Galopp und Cancan, bei Strauß
und Lehár Walzer und Czardas, in der Berliner Operette, bei
Paul Linke, den Marsch.

Oft kennt man jedoch von den unzähligen Operetten nur noch
ihre melodienreichen Ouvertüren, wie z.B. „Die schöne Galathee".
Suppès erstes weit verbreitetes Meisterwerk war eine Parodie
einer alten griechischen Sage: Die Sage von König Pygmalion
von Cypern. Pygmalion hat sich aus Elfenbein eine Statue, eine
wunderschöne Frau geschnitzt, in die er sich unsterblich verlieb-
te und Aphrodite dazu bewegen konnte, dass sie diese Statue
für ihn lebendig werden ließ. Bei Suppè erhält die Sage allerdings einen satirischen Charakter:

Denn Pygmalion ist am Ende gottfroh, dass sich die schöne Galathee, die sich als anspruchsvolles und kratzbürstiges Weibchen
entpuppt hatte, wieder in jene Statue zurück verwandelt, die sie
am Anfang des Stückes gewesen war.

Aber wir bleiben beim Thema Tanz, meine Damen und Herren. Auch die eben gehörte Ouvertüre enthält Tanzmusik: Walzerklänge

Walzer wäre das Stichwort, um zu Johann Strauß überzuleiten. Aber heute Abend haben wir für Sie keinen Strauß-Walzer im Programm, dafür aber gleich drei schmissige Polkas:

Die „Tritsch-Tratsch-Polka", die „Annen-Polka" und als Krönung die Schnellpolka „Unter Donner und Blitz".

Franz Lehár: Gold und Silber, Walzer op. 79

Gold und Silber, meine Damen und Herren, sind Synonyme für Reichtum und Wohlstand.

Eine Vielzahl von Redensarten belegen ihre Bedeutung für uns Menschen:

„Gold und Silber lieb ich sehr, kann's auch gut gebrauchen..."

„Reden ist Silber, Schweigen ist Gold", und in einem Seefahrer-Volkslied heißt es in der letzten Strophe:

„Silber und Gold, Kisten voll, bring ich dann mit mir, und alles schenk ich dir."

Für mich einer der schönsten Walzer, die jemals komponiert worden sind, trägt auch diesen Titel: „Gold und Silber". Leháhrs Geheimnis begründet sich in der Einfachheit und Schlichtheit vieler seiner Melodien. Denken Sie an das „Lied des einsamen Soldaten am Wolgastrand" aus seiner Operette der Zarewitsch. Und im folgenden Walzer findet sich eine ähnlich schlichte Melodie, die aber einen Spannungsbogen auf- und abbaut, der keinen musikalisch empfindsamen Menschen unberührt lässt.

Freuen wir uns auf diesen wunderschönen Walzer von Franz Lehár: „Gold und Silber".

Jaques Offenbach: Orpheus in der Unterwelt, Ouvertüre

Jakob Offenbach aus Köln am Rhein zog es im zarten Alter von gerade mal 14 Jahren nach Paris. Er lernte das Cello-Spielen am dortigen Konservatorium und war bereits mit 30 Jahren Kapellmeister am Theatre Francais.

Für seine insgesamt 102 Bühnenwerke, die er geschrieben hat, holte er sich ebenfalls, wie ich es vorher bei Suppè schon erwähnt habe, seine Stoffe häufig aus antiken Sagen, die er allerdings auf seine Zeit parodistisch übertrug. Zum Beispiel die Sage von Orpheus und Eurydike.

Gott Pluto entführt Eurydike in die Unterwelt. Orpheus will sie zurückholen, aber weil er sich auf dem Rückweg aus der Unterwelt verbotswidrig nach ihr umblickt, geht sie ihm für immer verloren. Sie wird in die Schar der Bacchantinnen, also in das Gefolge des Weingottes Bacchus aufgenommen. Und am Ende tanzt Jupiter mit der als Bacchantin verkleideten Eurydike ein Menuett, das schließlich in einen rasenden Galopp übergeht.

Und es ist genau diese Musik, für mich ist es die schnellste Musik der Welt, die am Ende der Ouvertüre bereits schon einmal erklingt. – Galop infernal, der berühmte Cancan.

Dazu schrieb ein Zeitgenosse, wohl bemerkt 1858, vor fast 150 Jahren:

„Dieser Galopp hat unsere ganze Generation in ihren wahnsinnigen Wirbelsturm gerissen. Scheint es uns nicht, als ob bei den ersten Tönen dieses rasenden Orchesters eine ganze Gesellschaft sich mit einem Ruck aufraffen und in den Tanz stürzen würde? Diese Musik kann Tote auferwecken."

Lassen sie sich zum Abschluss unseres Neujahrskonzerts mitreißen von dieser tollen Musik „Orpheus in der Unterwelt"; aber bitte klatschen sie den Cancan am Ende der Ouvertüre nicht mit. Sie haben nachher bei einer der Zugaben bestimmt noch Gelegenheit sich rhythmisch einzubringen.

Zugabe:

Die Zugabe des Orchesters folgt natürlich.

Ich will Sie Ihnen auch gerne den Titel verraten, sonst rätseln Sie auf dem Nachhauseweg, wie heißt denn nur dieses bekannte Musikstück?

Es stammt von Leroy Anderson, komponiert für drei Solo-Trompeten und Orchester: „Bugler's Holiday"
Meine Damen und Herren, die Südwestdeutsche Philharmonie, Eduard Muri und ich wünschen Ihnen ein gesundes, erfolgreiches, friedvolles Neues Jahr.

Heute Abend wurden Ihnen ausschließlich musikalische Delikatessen serviert.

Ich wünsche Ihnen für das Neue Jahr, dass Sie viele Delikatessen genießen mögen, nicht nur kulinarisch und nicht nur musikalisch.

Dazu möchte ich Ihnen zum Schluss gerne einen ganz persönlichen Serviervorschlag unterbreiten:

„Man nehme 12 Monate, putze sie ganz sauber von Bitterkeit, Geiz, Pedanterie und Angst und zerlege jeden Monat in 30 oder 31 Teile, so dass der Vorrat genau für ein Jahr reicht.

Es wird jeder Tag einzeln angerichtet aus einem Teil Arbeit und zwei Teilen Frohsinn und Humor. Man füge drei gehäufte Esslöffel Toleranz, ein Körnchen Ironie und eine gute Prise Takt dazu. Dann wird die Masse sehr reichlich mit Freundlichkeit übergossen. Das fertige Gericht schmücke man mit einem Sträußchen kleiner Aufmerksamkeiten und serviere es täglich mit Heiterkeit und mit einer belebenden Tasse Kaffee oder einem guten Glas Wein."

Artemus Konzerte Zürich

Abendprogramm

Neujahrskonzert

Das Galakonzert der Klassik

Südwestdeutsche Philharmonie
Jochen Wehner · Dirigent
anstelle des verunfallten Eduard Muri
Wladimir Astrachanzew · Violine

Ronald Holzmann · Moderation

Zürich – Grosser Tonhallesaal
Samstag, 3. Januar 2004, 19.30 Uhr
Sonntag, 11. Januar 2004, 18.30 Uhr

Luzern – KKL Konzertsaal
Freitag, 2. Januar 2004, 19.30 Uhr

Jochen Wehner, Dirigent

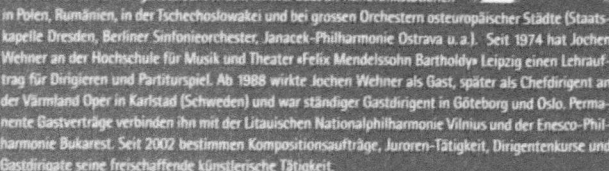

Jochen Wehner absolvierte sein Dirigenten-Studium in Halle und Dresden und erwarb Abschlüsse in den Fächern Klarinette, Violoncello und Komposition. Nach langen Kapellmeisterjahren in Magdeburg, Brandenburg und Stendal, wo er sich ein immenses Repertoire erwarb, wurde er als Generalmusikdirektor an das Mecklenburgische Staatstheater Schwerin verpflichtet.

Sein starkes Interesse an zeitgenössischer Musik liess ihn 1973 ein Angebot des Rundfunks Berlin/Leipzig annehmen, wo er 17 Jahre als Dirigent, Produzent und Lektor für zeitgenössische Musik wirkte. Gast an Rundfunkstationen in Polen, Rumänien, in der Tschechoslowakei und bei grossen Orchestern osteuropäischer Städte (Staatskapelle Dresden, Berliner Sinfonieorchester, Janacek-Philharmonie Ostrava u. a.). Seit 1974 hat Jochen Wehner an der Hochschule für Musik und Theater «Felix Mendelssohn Bartholdy» Leipzig einen Lehrauftrag für Dirigieren und Partiturspiel. Ab 1988 wirkte Jochen Wehner als Gast, später als Chefdirigent an der Värmland Oper in Karlstad (Schweden) und war ständiger Gastdirigent in Göteborg und Oslo. Permanente Gastverträge verbinden ihn mit der Litauischen Nationalphilharmonie Vilnius und der Enesco-Philharmonie Bukarest. Seit 2002 bestimmen Kompositionsaufträge, Juroren-Tätigkeit, Dirigentenkurse und Gastdirigate seine freischaffende künstlerische Tätigkeit.

Wladimir Astrachanzew, Violine

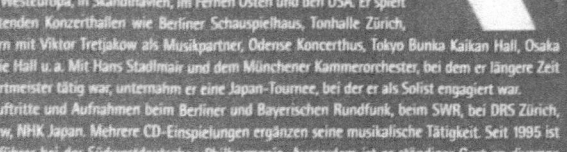

Wladimir Astrachanzew wurde als Sohn einer Musikerfamilie in Charkow (Ukraine) geboren. Studium bei Prof. Bogodar Kotorowitsch an der Peter-Tschaikowsky-Musikhochschule in Kiew; Dozent an der Musikhochschule in Charkow. 1. Preis beim nationalen ukrainischen Violinwettbewerb 1984.

Seine internationalen Soloauftritte begannen mit dem Berliner Radio-Symphonie-Orchester (Dirigent Robert Hanell) und führten zu weiteren Engagements in Ost- und Westeuropa, in Skandinavien, im Fernen Osten und den USA. Er spielt in bedeutenden Konzerthallen wie Berliner Schauspielhaus, Tonhalle Zürich, KKL Luzern mit Viktor Tretjakow als Musikpartner, Odense Koncerthus, Tokyo Bunka Kaikan Hall, Osaka Symphonie Hall u. a. Mit Hans Stadlmair und dem Münchener Kammerorchester, bei dem er längere Zeit als Konzertmeister tätig war, unternahm er eine Japan-Tournee, bei der er als Solist engagiert war. Fernsehauftritte und Aufnahmen beim Berliner und Bayerischen Rundfunk, beim SWR, bei DRS Zürich, im UT Kiew, NHK Japan. Mehrere CD-Einspielungen ergänzen seine musikalische Tätigkeit. Seit 1995 ist er Stimmführer bei der Südwestdeutschen Philharmonie. Ausserdem ist er ständiger Gast an diversen internationalen Musikfestivals.

Ronald Holzmann

Geboren und aufgewachsen in der Uhrenstadt Furtwangen im Schwarzwald. Nach dem Abitur folgte ein Studium an der Pädagogischen Hochschule Freiburg im Breisgau in den Fächern Germanistik und Musik: Klarinettenunterricht bei Albert Kaiser, Gesangsunterricht bei Professor Dieter Kern, Chorleitung bei Siegfried Lustig sowie Professor Wolfgang Schäfer und Professor Günther Weiss.

Seit 1973 arbeitete er als Lehrer an verschiedenen Schulen in Süddeutschland (Donaueschingen, Freiburg). 1990 erhielt er einen Lehrauftrag für Musikdidaktik am Staatlichen Seminar für die Ausbildung für das Lehramt an Realschulen und bildete jahrelang junge Musiklehrer aus. Seit 1995 ist er Rektor der Realschule am Mauracher Berg in Denzlingen bei Freiburg. Ronald Holzmann moderiert das Neujahrskonzert der Artemus-Konzerte bereits zum dritten Mal.

Carl Maria von Weber
1786 – 1826
«Der Freischütz»
Ouvertüre

Johannes Brahms
1833 – 1897
Ungarische Tänze
Nr. 1, 3 und 10

Ludwig van Beethoven
1770 – 1827
Violinkonzert D-Dur op. 61
Rondo (Allegro)

Bedrich Smetana
1824 – 1884
Die Moldau
Sinfonische Dichtung Nr. 2
aus «Mein Vaterland»

Richard Wagner
1813 – 1897
«Lohengrin»
Vorspiel zum 3. Akt

Giuseppe Verdi
1813 – 1901
Un ballo in maschera (Ein Maskenball)
Preludio

Gioacchino Rossini
1792 – 1868
«Wilhelm Tell»
Ouvertüre

Maurice Ravel
1875 – 1937
Boléro
für grosses Orchester

2004

Guten Abend, meine sehr verehrten Damen und Herren, ich begrüße Sie ganz herzlich zum Neujahrskonzert 2004 mit der Südwestdeutschen Philharmonie Konstanz.
Üblicherweise beginne ich meine Moderationen immer erst nach dem Eröffnungsstück.
Heute muss ich eine Ausnahme machen:
Ich überbringe Ihnen die herzlichsten Grüße von Eduard Muri, dem Künstlerischen Leiter der Artemus-Konzertreihe.
Aus gesundheitlichen Gründen musste Eduard Muri die Dirigate der Neujahrskonzerte dieses Jahr abgeben.
Er kann das von ihm gestaltete Programm heute nicht dirigieren.
Eduard Muri konnte jedoch mit Jochen Wehner einen kompetenten Dirigentenkollegen verpflichten.
Im ausgedruckten Abendprogramm wird Ihnen Jochen Wehner vorgestellt.
Er hat spontan kurzfristig die Leitung aller Neujahrskonzerte ohne Programmänderung übernommen.
Beginnen wir mit der Ouvertüre zur romantischsten deutschen Oper, „Der Freischütz" von Carl Maria von Weber.
Und hier, meine Damen und Herren, kommt Jochen Wehner!

C.M. von Weber: „Der Freischütz", Ouvertüre
Johannes Brahms: Ungarische Tänze Nr. 1, 3 und 10

„Was gleicht wohl auf Erden dem Jägervergnügen,
wem sprudelt der Becher des Lebens so reich?
Beim Klange der Hörner im Grünen zu liegen,
den Hirsch zu verfolgen durch Dickicht und Teich.
Wenn Wälder und Felsen uns hallend umfangen,
tönt freier und freud'ger der volle Pokal."

So , meine sehr verehrten Damen und Herren, singen die Jäger in der Oper, „Der Freischütz", und sie geben uns für den heutigen

Abend die beiden Themen vor, die sich wie ein roter Faden durch unser Programm spinnen: Oper und das Thema Natur. Alle Werke unseres Neujahrskonzertes stammen aus dem 19. Jahrhundert, dem Zeitalter der Romantik (mit Ausnahme des „Boléro"; aber der Boléro ist sowieso eine Ausnahmekomposition).

Doch zunächst geht es erst einmal schwungvoll weiter mit drei Ungarischen Tänzen von Johannes Brahms, und zwar nicht den bekanntesten Nr. 5 und 6, sondern drei, die man nicht so oft hört.

Brahms kannte einen ungarischen Geiger, den er auf Tournee begleitet hatte. So kam der junge Musiker mit ungarischer Volksmusik in Berührung. Die daraus entstandenen „Ungarischen Tänze" beruhen auf Originalmelodien.
Brahms schrieb sie ursprünglich für Klavier - sowohl für zwei Hände als auch zu vier Händen.
Später hat er einige dieser Tänze selbst in eine farbenreiche Orchesterfassung umgearbeitet.
Hören wir nun:
Die ungarischen Tänze
     Nr. 1 in g-moll: Allegro molto
     Nr. 3 in F-Dur: Allegretto und
     Nr. 10 in E-dur: Presto

Ludwig v. Beethoven:
Violinkonzert D-Dur op. 61, 3. Satz Rondo (Allegro)

Als Johannes Brahms 1833 in Hamburg geboren wurde, lebte Beethoven bereits seit sechs Jahren nicht mehr.
Er hatte, wie keine anderer davor, das Wiener Publikum begeistert. Einige Skizzen für sein Violinkonzert finden sich unter denen für die 5. Sinfonie, der berühmten „Schicksalssinfonie".

Geschrieben hat es Beethoven für den Wiener Geiger Franz Clement, der es zu Weihnachten 1806 erstmals spielte.
Mit wenig Beachtung und Anerkennung; denn ein Kritiker der Wiener Zeitung schreibt damals:

„...*Es gesteht demselben manche Schönheit zu, bekennte aber, dass der Zusammenhang oft ganz zerrissen scheine, und dass die unendlichen Wiederholungen einiger gemeinen Stellen leicht ermüden können...*"

Aber, meine Damen und Herren, dieser Musikkritiker entlarvt sich mit seinem Urteil als Dilettant; denn der 3. Satz des Konzertes ist eben ein Rondo, und das Wesen dieser musikalischen Form Rondo ist es, dass ein Thema refrainartig immer wiederkehrt.

Wissen Sie, woran man einen musikalischen Menschen erkennt?
Der eine sagt: „Musikalisch ist jemand, der singen kann."
Ein anderer meint: „Musikalisch ist jemand, der ein Instrument spielen kann."
Und der dritte äußert, und seine Definition finde ich die beste:
„Musikalisch ist jemand, der lächelt, wenn das Thema wiederkehrt."
Prüfen Sie Ihre eigene Musikalität, meine Damen und Herren!
Im folgenden Rondo aus dem Violinkonzert von Ludwig van Beethoven haben Sie beste Möglichkeit hierzu.
Begrüßen wir den Solisten des heutigen Abends:
Wladimir Astrachanzew!

Bedrich Smetana: Die Moldau

Wenn es eine „Top-Ten" der klassischen Musik gibt, meine Damen und Herren, dann ist „Die Moldau" sicherlich unter diesen ersten zehn Titeln zu finden. Sie alle haben diese wunderschöne Naturschilderung schon oft gehört. Sie gehört zu meist gespielten Wunschsendungen im Rundfunk, und es gibt unzählige Platten- und CD-Einspielungen.

Aber live hört man sie eher selten. Doch im Galakonzert der Klassik heute Abend ist sie mit dabei.

Worin liegt diese Popularität dieses Werkes begründet?

Es ist Bedrich Smetanas Vaterlandsliebe, die mit jedem Ton zum Ausdruck gebracht wird.

„Die Moldau" ist ja nur ein von insgesamt sechs Teilen aus seinem Zyklus „Mein Vaterland". Alle anderen sind weniger bekannt.

Kommen Sie mit nach Böhmen an die Moldau, meine Damen und Herren, lauschen Sie den quirligen Flöten-Quellen!

Dann das wunderschöne singende Thema der Moldau, die Waldjagd mit dem charakteristischen Hörnerklang, die Moldau fließt auch heute noch durch ausgedehnte Waldgebiete; danach die burleske Polka einer Bauernhochzeit, deren Eindrücke der Fluss im Vorbeifließen auffängt.

Es wird Nacht: Mondschein, und in diesem Glanz baden die Wassernixen und tanzen ihren Nymphenreigen.

Es geht vorbei an stolzen Burgen in Richtung St.-Johann-Stromschnellen, wo die Moldau gischtend aufschäumt.

Zum Schluss erklingt das erhabene Vysherad-Thema im tiefen Blech. Das ist, so deute ich es, Smetanas Verneigung vor der Geschichte seines Volkes.

Dann strömt der Fluss majestätisch auf Prag zu und verliert sich in der Ferne, dort wo er endet und sich mit der Elbe vereint.

Wunderschöne zwölf Minuten stehen uns bevor, meine Damen und Herren. Genießen Sie „Die Moldau"!

Richard Wagner: Vorspiel zum 3. Akt der Oper "Lohengrin"
Giuseppe Verdi: "Un ballo in marschera", Preludio

Wagner, Verdi und Rossini:
Drei der ganz großen Opernkomponisten des 19. Jahrhunderts, meine Damen und Herren, führen den Themenbereich Oper heute Abend fort.

So viele Gemeinsamkeiten dieser drei, z. B. die vielen herrlichen Ouvertüren, die sie geschrieben haben, und so viele Gegensätze gibt es:

Rossini ist der älteste und fast schon ein jugendlicher Star, man wird ihn später „Den Schwan von Pesaro" nennen, als die beiden anderen im gleichen Jahr, 1813 geboren wurden.

Richard Wagner sieht sich selbst als die Krönung der Operngeschichte überhaupt mit seinem Gesamtkunstwerk; denn er schrieb die Texte selbst, selbstverständlich auch die Musik zu seinen Opern und er malte sogar das Bühnenbild und er hat es geschafft, dass ihm der bayrische König in Bayreuth auf einem Hügel eine eigenes Festspielhaus bauen ließ.

Mit dem fulminanten Vorspiel zum 3. Akt seiner Oper „Lohengrin" eröffneten wir den zweiten Programmteil.

Zu Richard Wagner und „Lohengrin" gibt es eine herrliche Anekdote, meine Damen und Herren:

Eines Abends ging Wagner in Sorrent spazieren. Einer der vielen Drehorgelspieler, der ihn kannte, setzte sofort eine Walze mit dem Brautzug aus „Lohengrin" ein und begann, die Orgel so schnell zu drehen, dass die Musik bis zur Unkenntlichkeit verhetzt wurde. Zornig stürmte Wagner auf ihn zu, packte selbst die Drehorgel und dreht sie so langsam und bedächtig, dass der Chor im richtigen Tempo erklang. Dann gab er dem Alten ein gutes Trinkgeld mit der Weisung, immer in diesem Tempo zu spielen. Am andern Morgen hing an der Drehorgel ein Schild: „Schüler von Richard Wagner."

Zur selben Zeit war Giuseppe Verdi in Italien die Nr. 1 unter den Opernkomponisten geworden; denn Gioacchino Rossini legte im Zenit seines Ruhmes – erst 37 Jahre alt – die Feder aus der Hand und komponierte in den weiteren 40 Jahren seines Lebens nahezu nichts mehr. Statt der Opernhäuser eroberte er mit seinen

Kochrezepten die Speisekarten und ließ es sich in Paris gut gehen.

Vor der nun folgenden Verdi-Ouvertüre zu „Un ballo in maschera" gestatten Sie mir zum Verständnis noch einige Hinweise:

Über den historischen Mord an Schwedens König Gustaf III. brachte Eugène Scribe ein Bühnenstück heraus, ursprünglich für Gioacchino Rossini zur Vertonung bestimmt. Doch vertont wurde der Text dann aber von Giuseppe Verdi.
Dieser Gustav III. von Schweden galt als progressiv und fortschrittlich und wurde von seinen zahlreichen Feinden 1792 auf einem Ball erschossen.
Verdis Librettist, Antonio Somma, schrieb das Schauspiel in ein Operntextbuch um. In Neapel sollte das Stück erstmals gespielt werden.
Zu diesem Zeitpunkt war Neapel aber noch unter französischer Kontrolle und es gab eine Zensur.
Das Textbuch wurde der Zensur eingereicht, doch schon kurze Zeit später wurde im Januar 1858 auf Napoleon III. ein Attentat verübt und deshalb wurde die Oper einfach abgelehnt.

Verdi war dennoch von seinem Werk überzeugt und er versuchte sein Glück in Rom.
Rom war die Stadt eines seiner größten Triumphe gewesen, „Il Trovatore" am Teatro Apollo war noch in guter Erinnerung.

Aber auch in Rom gab es eine Zensur, die zumindest eine räumliche Veränderung durchsetzte: Entweder im Nordamerika des 17. Jahrhunderts unter britischer Regentschaft oder im Kaukasus habe das Stück zu spielen. Verdi und Somma entschieden sich für die erste Variante und so wurde aus dem König Gustav Riccardo, Graf von Warwick, Gouverneur von Boston, aus dem Attentäter Anckarstroem wurde Renato, die Oper selbst erhielt den einfachen Titel „Un ballo in maschera".

Die Premiere am Teatro Apollo in Rom am 17. Februar 1859 war ein überwältigender Erfolg, es war die erfolgreichste Premiere seit „Il Trovatore" an gleicher Stelle.
Und nun Bühne frei für die Ouvertüre zu „Ein Maskenball"!

Gioacchino Rossini: „Wilhelm Tell", Ouvertüre

Über Gioacchino Rossini sprach ich eben schon, meine Damen und Herren.
„Wilhelm Tell" war 1829 seine letzte Oper, bevor er sich, wie erwähnt, mehr dem Erfinden von Schlemmerrezepten zuwandte.
Ihnen hier in der Schweiz etwas über Wilhelm Tell zu erzählen, hieße, Eulen nach Athen tragen.
Es ist die berühmteste Sage Ihres Landes, aber wie es zu einer „Wilhelm-Tell-Ouvertüre" kommen konnte, das möchte ich Ihnen gerne etwas näher erläutern:
Friedrich Schiller war zeitlebens auf der Suche nach Stoffen, die sein Lieblingsthema „Freiheit des Menschen" darstellen lassen.
Er war nachweislich nie hier in der Schweiz gewesen, aber er hatte den Chronisten Ägidius Tschudi sehr genau studiert und hatte sich mit der Topographie des Vierwaldstätter Sees vertraut gemacht, hatte Landkarten studiert und sein Schauspiel „Wilhelm Tell" als letztes Bühnenwerk 1804 verfasst.
Die erste Aufführung in der Schweiz erfolgte noch im selben Jahr hier in Luzern. Das Jahr 2004 ist also ein Wilhelm-Tell-Jubiläumsjahr!
Rossini hat Schillers Schauspiel als Oper vertont, doch mit wenig Erfolg. Er war ein Meister der heiteren Oper, der opera buffa, gewesen. Im „Wilhelm Tell" gibt es zwar ein glückliches Ende, aber „Wilhelm Tell" ist keine opera buffa!
Nur die Ouvertüre wurde ein grandioser Erfolg.
Rossini komponierte vier Episoden, quasi als Vorwegnahme des folgenden Operninhalts.

Es beginnt mit einer idyllische Szene mit Melodieführung in den Celli. Dazu passen Schillers Worte:

„Es lächelt der See, er ladet zum Bade,
der Knabe schlief ein am grünen Gestade,
da hört er ein Klingen, wie Flöten so süß,
wie Stimmen der Engel im Paradies."

Die zweite Episode ist ein gewaltiger Sturm:
Tell war nach der Apfelschussszene von Gessler festgenommen worden und sollte, im Boot gefesselt, von Flüelen nach Küssnacht gebracht werden.

Durch den Sturm geraten sie in Seenot, und Tell ist der Einzige, der das Schiff führen kann, deshalb wird er losgebunden und dadurch gelingt ihm die Flucht.

Bei Schiller heißt es im 4. Aufzug:
„Hört, wie der Abgrund tost, der Wirbel brüllt,
So hat's noch nie gerast in diesem Schlunde!
Wehe dem Fahrzeug, das, jetzt unterwegs,
In dieser furchtbarn Wiege wird gewiegt!"

Der dritte Teil, das ist der Kuhreigen:
Englischhorn und Flöten führen ein Zwiegespräch, für mich ist das die schönste Stelle der Ouvertüre.
Bei Schiller im Schauspiel heißt es:
„Ihr Matten lebt wohl,
Ihr sonnigen Weiden!
Der Senne muss scheiden,
Der Sommer ist hin."

Und schließlich der rasende Schlussteil:
Der berühmte (manche sagen) „Gessler-Galopp", die bekannte Wilhelm-Tell-Musik, die den glücklichen Ausgang der Geschichte charakterisiert.
Originaltext Schiller:
„Es lebe Tell! Der Schütz und der Erretter!"

Meine Damen und Herren, freuen wir uns auf die Ouvertüre zu „Wilhelm Tell"!

Maurice Ravel: Boléro

Der berühmte „Boléro" von Maurice Ravel! Einzige Komposition heute Abend, meine Damen und Herren, das sagte ich bereits, die nicht im 19. Jahrhundert entstanden ist. 1928 hat Ravel für die Tänzerin Ida Rubinstein diesen Boléro komponiert.

Er selbst hat sich einmal so geäußert. „Ich habe nur ein Meisterwerk gemacht, das ist der ‚Bolero', leider enthält er keine Musik!"

Und er hat streng genommen Recht:

Es gibt nur eine einzige Melodie und eine Variation dieser Melodie, die sich lediglich aneinander reihen.

Es gibt nur einen immer gleichbleibenden ostinaten Rhythmus mit den für den südspanischen Tanz typischen Triolen.

Was sich allerdings ständig verändert, das sind die Klangfarben. Ravel ist Impressionist und er mischt vergleichbar einem Maler, die Grundfarben auf der Suche nach neuen Farbtönen.

Er lässt zum Beispiel Flöte und eine Trompete mit Dämpfer die Melodie spielen. Niemand vor Ravel wäre auf die Idee gekommen, diese beiden Instrumente unisono Melodie spielen zu lassen. Oder Piccoloflöte + Horn + Celesta ergeben eine Klangfarbe, die zuvor nie in einem Konzertsaal zu hören war.

Und dazu der großartige Einfall eines Orchester-Crescendos: Die Musik wird allmählich lauter, es wird nie leiser, auch das ist einmalig.

Und am Ende bietet er alles auf, was ein großes Sinfonieorchester zu bieten hat, was eine Dame, die die Uraufführung in der Pariser Oper miterlebt hatte, zum Ausruf hinreißen ließ: „Hilfe, ein Verrückter!"

Ravel bemerkte dazu nur: „Sie allein hat die Sache verstanden."

Meine Damen und Herren: Krönender Abschluss unseres Neujahrskonzerts 2004: „Boléro" von Maurice Ravel.

Zugabe: So zwischen Weihnacht' und Neujahr

Mein Neujahrswunsch

So zwischen Weihnacht' und Neujahr
denkt mancher nach, wie's wird und war
und nimmt sich vor, ganz kindlich rein,
einmal ein guter Mensch zu sein.

Doch wirklich besser wird die Welt,
wenn jeder kräftig sich dran hält,
es künftig anders zu betrachten:
Gut sein: Neujahr bis - - - - - - - - - - - bis Weihnachten!

Ronald Holzmann, Dezember 2003

Artemus Konzerte Zürich

NEUJAHRSKONZERTE
2005

SINFONISCHE DELIKATESSEN

Luzern · KKL Konzertsaal
Sonntag, 2. Januar 2005 · 19.30 Uhr

Zürich · Grosser Tonhallesaal
Montag, 3. Januar 2005 · 19.30 Uhr
Dienstag, 4. Januar 2005 · 19.30 Uhr

Südwestdeutsche Philharmonie
Eduard Muri / Philippe Bach Leitung

Eduard Muri

Studium an den Musikakademien von Zürich und Basel (Erich Schmid). Weitere Impulse erhielt er von Rafael Kubelik und István Kertész.

Gründer und künstlerischer Leiter der Weihnachts-Sinfoniekonzerte sowie der Neujahrs-konzerte in Zürich und Luzern. Eduard Muri pflegt heute ausschliesslich das sinfonische Repertoire der Klassik und Romantik. Nebst der Südwestdeutschen Philharmonie, die er seit 1972 in mehreren hundert Konzerten dirigierte, leitete Eduard Muri auch andere bedeutende Orchester wie: Stuttgarter Philharmoniker, Württembergische Philharmonie, Philharmonisches Orchester Erfurt, Dubrovnik Festival Orchestra, RAI-Orchester Mailand, Radio-Sinfonieorchester Kopenhagen, Orchestre Symphonique de Lille usw.

Mit Eduard Muri musizierte eine Vielzahl der bedeutendsten Solisten, so u.a. Maurice André, Rudolf Buchbinder, Shura Cherkassky, Vladimir Feltsman, Andor Foldes, Nelson Freire, Bruno-Leonardo Gelber, Ulf Hoelscher, Václav Hudecek, Katia & Marielle Labèque, Nikita Magaloff, Jeremy Menuhin, Sergei Nakariakov, Marie Luise Neunecker, Guher und Süher Pekinel, Konstantin Scherbakov, Dmitry Sitkovetsky, Solisten der Berliner Philharmoniker, Josef Suk, Victor Tretjakov, Isabelle van Keulen, Antje Weithaas.

Eduard Muri hatte in seiner Jugend oft Gelegenheit, bei den Internationalen Musikfestwochen Luzern IMF die grössten Dirigenten wie Abbado, Barbirolli, Beecham, Bernstein, Böhm, Fricsay, Furtwängler, Giulini, Haitink, Jochum, Karajan, Klemperer, Krips, Kubelik, Markevitch, Mehta, Mitropoulos, Ormandy, Ozawa, Schuricht, Solti, Szell, bei Proben und Konzerten live zu erleben. In diesen eindrücklichen musikalischen Früherlebnissen, die seinen Dirigier- und Musizierstil für sein ganzes Leben geprägt haben, ist die Interpretationsweise Eduard Muris begründet.

Philippe Bach

1974 in Saanen (BE) geboren, studierte Horn an den Musikhochschulen Bern, Freiburg im Breisgau und am Conservatoire de Genève, wo er mit dem Solistendiplom abschloss.

1996-1998 Solo-Hornist im Schweizer Jugend-Sinfonieorchester. 1998-1999 absolvierte er die Orchesterakademie des Tonhalle Orchesters Zürich. Danach musizierte er im Sinfonieorchester St. Gallen, als Solo-Hornist im Berner Kammerorchester und war Mitglied des Ensemble La Strimpellata.

Die Ausbildung zum Orchesterdirigenten erfolgte an der Musikhochschule Zürich bei Johannes Schlaefli, wo er 2003 mit dem Prädikat «mit Auszeichnung» abschloss. Seit September 2004 ist er als «Junior Fellow in Conducting» am Royal Northern College of Music in Manchester/England tätig. Der begehrte Posten als Junior Fellow in Conducting bietet Philippe Bach die Möglichkeit, das Sinfonieorchester, das Kammerorchester und das Ensemble für Neue Musik zu dirigieren.

Philippe Bach dirigierte u.a. das Bieler Sinfonieorchester, die Janacek-Philharmonie Ostrava, das Westböhmische Sinfonieorchester Marienbad, das Orchester der Musikhochschule Zürich/Winterthur, das Akademische Orchester Zürich, das Aargauer Sinfonieorchester und das Orchestra degli Amici. 2002-2004 dirigierte er das Corps de Musique «La Landwehr Fribourg» und das Jugendsinfonieorchester Arabesque. Im Dezember 2004 wird er Clark Rundell bei der Aufführung der Kammeroper «The Lighthouse» von Peter Maxell Davies assistieren.

1996 gewann Philippe Bach den 1. Preis des Schweizerischen Dirigentenwettbewerbes in Baden. 1998 und 1999 war er Gewinner des Migros-Studienpreises. Im Jahr 2000 war er Preisträger beim European Conductors Competition in Birmingham.

Ronald Holzmann

Geboren und aufgewachsen in der Uhrenstadt Furtwangen im Schwarzwald.

Nach dem Abitur folgte ein Studium an der Pädagogischen Hochschule Freiburg/Breisgau in den Fächern Germanistik und Musik: Klarinettenunterricht bei Albert Kaiser, Gesangsunterricht bei Professor Dieter Kern, Chorleitung bei Siegfried Lustig sowie Professor Wolfgang Schäfer und Professor Günther Weiss.

Seit 1973 arbeitete er als Lehrer an verschiedenen Schulen in Süddeutschland (Donaueschingen, Freiburg). 1990 erhielt er einen Lehrauftrag für Musikdidaktik am Staatlichen Seminar für die Ausbildung für das Lehramt an Realschulen und bildete jahrelang junge Musiklehrer aus. Seit 1995 ist Ronald Holzmann Rektor der Realschule am Mauracher Berg in Denzlingen bei Freiburg.

Bekannt durch Gedicht- und Balladenvorträge, Prosalesungen und Moderationen.

Neben seinem Hauptberuf als Schulleiter arbeitet er heute schwerpunktmässig auf dem Gebiet der Literatur in Verbindung mit der Musik, z.B. als Erzähler im musikalischen Märchen «Peter und der Wolf» von Sergei Prokofjew.

PROGRAMM

Carl Maria von Weber
1786-1826
Ouvertüre «Abu Hassan»

Georges Bizet
1838-1875
L'Arlésienne-Suite Nr. 2, Intermezzo und Farandole

Peter Iljitsch Tschaikowsky
1840-1893
Slawischer Marsch b-Moll op. 31

Modest Petrowitsch Mussorgskij
1839-1881
Eine Nacht auf dem kahlen Berge
Konzertfantasie op. posth.
Orchestrierung von Nikolai Rimsky-Korsakow

Antonin Dvořák
1841-1904
Sinfonie Nr. 9 e-Moll op. 95 «Aus der Neuen Welt»
Finale: Allegro con fuoco

Nikolai Rimsky-Korsakow
1844-1908
Der Hummelflug aus «Zar Saltan» op. 57

Miachail Michajlowitsch Ippolitow-Iwanow
1859-1935
Aufzug des Sardar aus «Kaukasische Skizzen» op. 10

Gioacchino Rossini
1792-1868
Ouvertüre «Die Italienerin in Algier»

Giuseppe Verdi
1813-1901
La forza del destino

2005

Carl Maria v. Weber: „Abu Hassan", Ouvertüre

Guten Abend, meine sehr verehrten Damen, meine sehr geehrten Herren! Willkommen zum Neujahrskonzert 2005. Sie haben eine gute Entscheidung getroffen, indem Sie das neue Jahr wieder oder erstmals mit einem Menü sinfonischer Delikatessen beginnen. Ich freue mich, Sie wie in den vergangenen Jahren durch diesen Abend begleiten zu dürfen und ich verspreche Ihnen Romantik pur. Aber bitte glauben Sie jetzt nicht, dass Sie nur zärtliche und einschmeichelnde Melodien hören werden, nein, es wird auch recht turbulent zugehen: es werden Hexen auf ihren Besen reiten, es wird ein Hummelschwarm durch die Luft schwirren, und vor unserem geistigen Auge werden orientalische Bilder entstehen. Denn die Romantik, das ist die Musik des 19. Jahrhunderts, ist voller unterschiedlicher Stimmungen und Kontrasten.

Sie haben dem Programmblatt bereits entnommen, dass heute Abend erstmals zwei Dirigenten die Südwestdeutsche Philharmonie leiten werden. Philippe Bach interpretiert den ersten Programmteil, und Eduard Muri kann gottlob nach längerer Erkrankung auch wieder dirigieren, worüber ich mich ganz besonders freue, wenn er nach der Pause am Pult stehen wird.

Wir haben schon öfter mit Carl Maria von Weber begonnen: „Aufforderung zum Tanz" vor zwei Jahren und im vergangenen Neujahrskonzert mit der Ouvertüre zum „Freischütz".

In seiner komischen Oper „Abu Hassan" geht es um Geld, Schulden und Gläubiger, ein Thema, das Weber nicht fremd war. Während einer Probe am 9. Februar 1810 im Stuttgarter Theater war er wegen Unterschlagung, Bestechung und Diebstahl verhaftet worden. Nach 16 Tagen Haft machte man ihm und seinem Vater, dem Leiter einer Wanderbühne, den Prozess und beide wurden des Landes verwiesen.

Höhepunkt der Oper ist die Szene, in der Abu Hassan und seine Frau Fatime sich abwechselnd tot stellen, um den jeweils fälligen Begräbniszuschuss vom Kalifen zu kassieren.

Mit der heiteren Ouvertüre zu dieser Oper werden wir in die orientalische Kulisse hineinversetzt.

Meine Damen und Herren, begrüßen Sie mit mir den jungen Dirigenten Philippe Bach!

Georges Bizet: L'Arlesienne-Suite Nr. 2

Aus dem Orient zurück nach Europa.

Die Vorliebe der Epoche Romantik, Märchenhaftes und vor allem Volkstümliches zu betonen, hat zur Entstehung so genannter „Nationalen Schulen" geführt. Das Nationale in der Musik, d.h. die dem einzelnen Volke eigentümlichen Melodiebildungen, Rhythmen und Tonskalen, fand seien Niederschlag in der Kunstmusik.

Und alles, was heute Abend noch erklingen wird, sind berühmte und beliebte Kompositionen dieser „Nationalen Schulen".

Alphones Daudet hat ein Schauspiel auf die Bühne gebracht, in dem ein junges Mädchen aus Arles (L'Arlesienne) im Mittelpunkt steht.

Dieses Schauspiel wäre vermutlich längst vergessen, hätte nicht Georges Bizet dazu die charakteristische Bühnenmusik geschrieben. Der Komponist selber hat später seine Schauspielmusik in einer Orchesterfassung zusammengestellt, und es entstanden die beiden „L'Arlesienne-Suiten".

Folgen Sie uns also in die Provence, nach Arles.

Aus der Suite Nr. 2 hören Sie das Intermezzo und die tänzerische, rasante Farandole.

Peter Tschaikowsky: Slawischer Marsch

Wenn Sie einen genauen Blick in unser Programmheft werfen, meine Damen und Herren, dann können Sie feststellen, dass alle nun folgenden Komponisten, mit Ausnahme der beiden Italiener Rossini und Verdi, aus Osteuropa stammen: genau genommen aus Russland und Tschechien, und dass sie alle fast demselben Jahrgang angehörten, wie eben gerade auch Georges Bizet. Sie alle könnten gemeinsam zur Schule gegangen sein. Aber wie verschieden ist doch ihre Musik!

In Russland gab es damals die Gruppe der 5, man sprach auch vom „mächtigen Häuflein". Dazu gehörten Mussorgskij und Rimsky-Korsakow, nicht aber der wohl bekannteste russische Komponist Peter Tschaikowsky. Sie alle verfolgten jedoch ein gemeinsames Ziel: Die Erneuerung der Kunstmusik durch Einbeziehung der slawisch-russischen Folklore.

Der „Slawische Marsch" b-moll, den wir als nächsten hören werden, ist ungewöhnlich lang für einen Marsch. Die üblichen Konzertmärsche dauern in der Regel drei bis vier Minuten. Peter Tschaikowskys Marsch ist gut doppelt so lange und damit schon eine ausgefallene Komposition. Er gliedert sich in drei Teile: Moderato in Modo di marcia funebre, also zunächst einem Trauermarsch, daran schließt sich ein Andante molto maestoso an. Dieser zweite Teil endet in ganz tiefen Tönen, wird auch immer leiser und danach folgt so, als wäre nichts Ernsthaftes gewesen, ein heiterer Ausklang: Allegro risoluto, oder um mit Beethovens Worten zu sprechen: „Durch Nacht zum Licht".

Genießen Sie diesen wunderschönen Marsch!

Modest Mussorgskij: „Eine Nacht auf dem kahlen Berge"

Meine Damen und Herren, wenn Sie letztes Jahr unter den Konzertbesuchern gewesen sind, dann werden Sie sich erinnern: Ich habe Ihnen damals gesagt, dass man mit Musik Geschichten erzählen kann und ich habe die Geschichte der Moldau erzählt, „Die Moldau" von Bedrich Smetana, als das bekannte Beispiel der Programmmusik.

„Eine Nacht auf dem kahlen Berge" von Modest Mussorgskij gehört ebenfalls in diese Gattung der malenden Musik, oder man sagt auch der Sinfonischen Dichtung, die die Romantiker so sehr bevorzugten.

Mussorgskij beschreibt in feurigen Orchesterfarben den Tanz der Hexen in der Johannisnacht auf dem kahlen Berge. Mit dem kahlen Berg ist nicht der bekannte Wiener Hausberg gemeint, wie oft irrtümlich zu lesen ist, sondern der Berg Triglaw, der Dreiköpfige, benannt nach dem gleichnamigen slawischen Kriegsgott.

In Briefen beschrieb Mussogskij ausführlich, was er mit seiner Musik darstellen wollte: Nach einer Sage aus heidnischer Zeit versammeln sich in der Johannisnacht die Hexen auf dem kahlen Berge und schwatzen. Satan erscheint in Gestalt eines Ziegenbockes, die Hexen huldigen ihm mit der großen ausschweifenden Feier des Hexensabbaths.

Nach Mussorgskijs Tod überarbeitete sein Freund Nikolaj Rimskij-Korsakow diese Konzertfantasie, und er wollte einen düsteren Schluss nicht gelten lassen. Sie werden genau diese Stelle sehr gut heraushören: Glockentöne leiten den erlösenden Sonnenaufgang ein. Dazu verwendete er Teile anderer Werke Mussorgskijs. Und dann folgt eine der schönsten Klarinetten-Solo-Stellen, die das 19. Jahrhundert hervorgebracht hat, und der Klarinette antwortet die Flöte, und wenn es Ihnen so geht wie mir, meine Damen und Herren, dann bekommen Sie Gänsehaut.

Und wieder gilt. „Durch Nacht zum Licht."

„Eine Nacht auf dem kahlen Berge"

Antonin Dvorak: Sinfonie Nr. 9 (Aus der Neuen Welt), 4. Satz

Nach diesem wunderschönen Sonnenaufgang einen Augenblick der Besinnung, meine Damen und Herren:

Wir haben in den vergangenen Tagen schlimme Nachrichten erhalten und schreckliche Bilder gesehen.

In Anbetracht der humanitären Katastrophe durch den Tsunami in Südostasien, die so großes Leid und tiefe Trauer über weite Teile unserer Welt gebracht hat, wird die Südwestdeutsche Philharmonie aus Pietätsgründen heute den Radetzky-Marsch nicht spielen. Auf Initiative von Eduard Muri, der kurzfristig mit Roland Jeanneret von der „Glückskette" Kontakt aufgenommen hat, möchten wir Sie, liebe Konzertbesucherinnen und Konzertbesucher, darauf hinweisen, dass im Foyer Einzahlungsscheine von der „Glückskette" ausliegen, und wir möchten Sie bitten, davon regen Gebrauch zu machen, um einen Hilfsbeitrag zu leisten.

Artemus-Konzerte, d.h. Eduard Muri und Sonja Doppler, gehen mit gutem Beispiel voran und spenden am kommenden nationalen Sammeltag, am 5. Januar, einen namhaften Betrag. Angesichts der zahlreichen Veranstaltungen zu Gunsten der „Glückskette" (Roland Jeanneret spricht von über 800 allein über das Neujahrswochenende) war es leider nicht möglich, so kurzfristig einen Verantwortlichen dieser Organisation heute hierher zu bitten.

Viele, vielen Dank!

„Die Amerikaner erwarten große Dinge von mir, vor allem soll ich ihnen den Weg ins gelobte Land und in das Reich der neuen selbstständigen Kunstmusik weisen, kurz, ihnen eine nationale Musik schaffen. Wenn das kleine tschechische Volk solche Musiker habt, warum sollten sie sie nicht auch haben, wenn ihr Land und Volk so riesig groß ist!"

Diese Zeilen schrieb Antonin Dvorak in einem Brief nach Hause. 1892 war er der Bitte der reichen Amerikanerin Jeanette Thurber gefolgt und übernahm gegen ein für die damaligen Verhältnisse stolzes Jahresgehalt von 15.000 Dollar die Position des künstlerischen Direktors und Kompositionsprofessors am New Yorker National Conservatory of Music. Knapp drei Jahre lebte er in den Vereinigten Staaten. Und hier entstand sein wohl bekanntestes Werk: die 9. Sinfonie. Diese Sinfonie mit dem Untertitel „Aus der Neuen Welt" rangiert in der Beliebtheitsskala zweifelsohne an erster Stelle. Dvorák schrieb sie in New York und versuchte mit ihr, eine eigenständige national-amerikanische Kunstmusik zu etablieren.

Unser zweiter Programmteil, meine Damen und Herren, beginnt mit dem feurigen vierten Satz dieser Sinfonie: Allegro con fuoco, mit seinem pathetischen Hauptthema, das zu Beginn von den Trompeten und Hörnern vorgetragen wird. Wenn auch heute Abend die üblicherweise vorausgehenden drei Sätze der Sinfonie fehlen, ist das in diesem Fall nicht so schlimm; denn zum absoluten Höhepunkt dieses Schlusssatzes erklingen alle entscheidenden Themen des ganzen Werkes nochmals in Kurzform, quasi als Schlussbemerkung: It's all great in America! Meine Damen und Herren, freuen wir uns, dass Eduard Muri mit dieser herrlichen Musik ans Pult zurückkehrt!

Nicolai Rimsky-Korsakov: Hummelflug

„Stimmt es, dass Hummeln gemäß einschlägigen aerodynamischen und physikalischen Gesetzen gar nicht fliegen können, weil sie zu schwer für ihre Flügelfläche sind? Wenn ja, weshalb fliegen sie dennoch?"
Dieser Fragesteller nimmt Bezug auf einen Mythos, der zwar alt, aber falsch ist. Der angebliche physikalische Beweis beruht auf der völlig falschen Annahme, dass Hummeln (wie viele andere Insekten) wie ein normales Flugzeug mit starren Tragflächen fliegen. In Wahrheit beschreiben die Hummel-Flügel aber eine komplizierte Bahn, bei der die Flügelflächen gleichzeitig noch hin- und her gekippt werden. Der Auftrieb entsteht dabei auf sehr komplexe Weise, vor allem durch Wirbelbildung, etwa ähnlich wie bei einem mit Effet geschlagenen Ball. Die schnellen Flügelschläge, die wir als Brummton hören, sind für diese unstete Aerodynamik notwendig. Man kann überspitzt auch sagen, dass Hummeln mittels eines kontrollierten Absturzes fliegen.
Der Volksmund würde aber sagen: Hummeln können nur deshalb fliegen, weil sie keine Physik können!

Nicolai Rimsky-Korsakov, ich erwähnte den Namen bereits im Zusammenhang mit Mussorgskij, hat eine Oper geschrieben: „Das Märchen vom Zaren Saltan".

In der Geschichte geht es um einen mächtigen Zaren, eine gute und zwei böse Schwestern und ein Base. Einen jungen Prinzen gibt es natürlich auch. Der muss, in eine Hummel verzaubert, miterleben, wie die böse Base eine raffinierte Intrige gegen ihn anzettelt. Das ärgert ihn, und er rächt sich, so wie das eine Hummel eben tut: Durch eine schmerzhaften Stich

Diese Szene wird in der Oper zu einem turbulenten Ensemble. Alle mischen sich ein, die Soprane der Schwestern, der Alt der bösen Base mit der Blase auf der Nase und der Zar, der natürlich im Bass. Das Orchester aber illustriert den schwirrenden Flug des Hummel-Prinzen. Dieser „Hummelflug" ist zu einer musikalischen Vielzweckwaffe geworden. Instrumentalisten aller Art, vom Kontrabassisten bis zum Piccoloflötisten, benützen das Stück für ihre virtuosen Drahtseilakte.

Mit Gebrumm und mit Gesumm
Fliegt er lang um sie herum,
Fliegt ihr mitten auf die Nase,
Sticht sie - eine große Blase
Schwoll empor - und alles schrie:
„Fangt die Hummel, tötet sie!
Warte nur, wir wollen dich!"
Doch der Prinz im Nu entwich
Durch das Fenster, flog hinaus
Übers blaue Meer nach Haus.

Michail Michailowitsch Ippolitow-Iwanow: „Prozession des Sardar"

Michail Michailowitsch Ippolitow-Iwanow war Schüler von Rimsky-Korsakow. Sein kompositorisches Schaffen umfasst sieben Opern und zahlreiche Orchesterwerke, von denen die Tondichtung „Kaukasische Skizzen" nach wie vor oft in den Konzertsälen gespielt wird. Ippolitow-Iwanow orientierte sich in seinem Schaffen deutlich an seinem Lehrer. Dies schlägt sich vor allem in der brillanten Orchestrierung und der sinfonischen Behandlung von Volksliedthemen nieder. Auch er nutzte die Folklore als Basis seines Schaffens. Hierbei konzentrierte er sich nicht nur auf die russische Folklore, sondern legte sein Augenmerk, bedingt durch seinen elfjährigen Aufenthalt in Tiflis, besonders auf die kaukasische Volksmusik. Aber wie schafft man das klanglich mit einem Sinfonieorchester? Zum Beispiel, indem das Marschthema der „Prozession des Sardar" unisono vom höchsten und tiefsten Holzblasinstrument, also der Piccoloflöte im Einklang mit dem Fagott, vortragen lässt. Die klangliche Wirkung ist verblüffend: Wie ein Märchen aus 1001 Nacht.

Gioacchino Rossini: „Die Italienerin in Algier", Ouvertüre

Zu den Sinfonischen Delikatessen, meine Damen und Herren, gehören auch immer wieder die Ouvertüren von Gioacchino Rossini. Den „Barbier von Sevilla" hatten wir schon im Neujahrskonzert, im letzten Jahr stand sein „Wilhelm Tell" auf dem Programm.

Aber vor diesen beiden Opern gelang ihm, 21-jährig, unter anderem mit dem Zweiakter „Die Italienerin in Algier" der Durchbruch. Charakteristisch sind die Rossini-Walzen, oder auch das „Rossini-Crescendo" genannt, was er in dieser Zeit musikalisch erfand und was seine Ouvertüren unverwechselbar werden ließ. Das sind so fast mechanisch repetierende Steigerungen, die ihm auch den Beinamen „Monsieur Crescendo" einbrachten.

Rossini war bekanntlich ein Genussmensch.

Wegen gesundheitlicher Beschwerden musste er einmal den Arzt aufsuchen, und dieser stellte sofort fest, was ihm fehlte. Er sagte: „Ja, mein lieber Rossini, Ihre Beschwerden haben drei Ursachen. Wein, Weib und Gesang!"

„Auf Gesang könnte ich verzichten", bot Rossini an, Notenlesen, das reicht mir."

„Und von den anderen beiden, worauf könnten Sie da noch verzichten?"

„Herr Doktor", antwortete Rossini, „ das kommt ganz auf den Jahrgang an!"

In den nächsten Minuten nur musikalische Heiterkeit, meine Damen und Herren, mit Rossinis „Italienerin in Algier".

Giuseppe Verdi: „La Forza del destino"

Die Nationalen Schulen des 19. Jahrhundert prägten heute Abend unser Konzertprogramm, und es wäre nicht abgerundet, wenn nicht noch wenigsten eine Komposition von Giuseppe Verdi erklänge. Verdi wurde wie kein zweiter italienischer Komponist zum Sprachrohr des „Risorgimento", jener italienischen Freiheitsbewegung in der Mitte des 19. Jahrhunderts.

Sein Nabucco-Chor wurde zur heimlichen Nationalhymne Italiens.

Bei der Uraufführung seiner Oper „Die Macht des Schicksals" in St. Petersburg erklang zunächst nur ein kurzes Vorspiel. Aber dann folgte sieben Jahre später die Erstaufführung an der Mailänder Scala, und Verdi erweiterte dieses Vorspiel zu einem umfangreichen Tongemälde, in dem das dramatische Sujet der Oper – es geht um Rache für Familienschande – bereits programmatisch verarbeitet wird. Das Schicksalsmotiv durchzieht als Leitmotiv die gesamte Ouvertüre.

Hören Sie zum Abschluss unseres diesjährigen Neujahrskonzerts Verdis – wie ich meine – wohl berühmteste Opernouvertüre: „La Forza del destino".

Zugabe: (eigenes Gedicht für diesen Anlass)

Nimm dir Zeit im neuen Jahr

Nimm dir Zeit im neuen Jahr
für die Arbeit, die zu tun!
Doch bedenk': Es muss auch sein
einfach einmal auszuruh'n!

Nimm dir Zeit im neuen Jahr
für die Liebe und das Lachen!
Leben heißt nicht: Autobahn,
ständig hundertachtzig Sachen!

Nimm dir Zeit im neuen Jahr
für Musik, Gesang, Ballade,
für ein gutes Gläschen Wein
für ein Stückchen Schokolade!

Nimm dir Zeit im neuen Jahr,
Zeit zum Schlafen und zum Träumen!
Leb nicht ständig mit der Angst
irgendetwas zu versäumen!

Nimm dir Zeit im neuen Jahr,
schenke andern deine Zeit!
Du wirst seh'n, es kommt zurück!
Tu's ganz einfach – jetzt ab heut!

Kultur- und Kongresszentrum Luzern – Konzertsaal
Mittwoch, 2. Januar 2008, 18.30 Uhr
Tonhalle Zürich – Grosser Saal
Donnerstag, 3. Januar 2008, 19.30 Uhr
Montag, 7. Januar 2008, 19.30 Uhr
Konzertdauer je ca. 2 ¼ Std.

Brillante Neujahrs-Konzertgala 2008

Südwestdeutsche Philharmonie
Kevin Griffiths · Dirigent 1. Teil
Eduard Muri · Dirigent 2. Teil
Ronald Holzmann · Moderation

Leonard Bernstein
Ouvertüre zu «Candide»
Peter Tschaikowsky
Marsch aus «Der Nussknacker» op. 71a
Johann Strauss
Champagner-Polka op. 211
Aram Khatchaturian
Säbeltanz aus dem Ballett «Gayaneh»
Jacques Offenbach
Barcarole aus «Hoffmanns Erzählungen»
Bedrich Smetana
Tanz der Komödianten aus «Die verkaufte Braut»
Johann Strauss
Rosen aus dem Süden, Walzer op. 388
Giuseppe Verdi
Ouvertüre «I Vespri siciliani» (Die sizilianische Vesper)

Richard Wagner
Vorspiel zum 3. Akt aus «Lohengrin»
Charles Gounod
Ballettmusik aus «Faust»
Danse antique
Variations de Cléopâtre
Variations du miroir
Danse du Phryné
Johann Strauss
Perpetuum mobile op. 257
Ein musikalischer Scherz
Hector Berlioz
Symphonie Phantastique op. 14
Marche au supplice
Gioacchino Rossini
Ouvertüre «Wilhelm Tell»
Maurice Ravel
Boléro

5

67

2008

Leonard Bernstein: Ouvertüre zu „Candide"
Peter Tschaikowsky: Marsch aus „Der Nussknacker" op. 71a

Text nicht mehr vorhanden!

Johann Strauß: Champagner-Polka op. 211

Kein Neujahrskonzert ohne Johann Strauß. Was für Wien gilt, meine Damen und Herren, gilt heute auch für Zürich/Luzern! Und welche Polka könnte treffender sein als seine „Champagner-Polka"?!

Ursprünglich stammt die Polka aus dem Tschechischen. Der Volkstanz „Nimra" war ihr Vorläufer. Der Name Polka bedeutet im Tschechischen „Mädchen aus Polen". Die Polka wird im Zweivierteltakt getanzt. In Wien wurde sie zur Schnellpolka weiterentwickelt. Davon gibt es später eine Kostprobe. Johann Strauß hat zu den verschiedensten Anlässen immer wieder Polkas komponiert, und gespielt von einem Sinfonischen Orchester (eine solche Besetzung hatte er ja nicht) sind sie wahre Musik-Schmankerl.

„Champagner-Polka" von Johann Strauß!

Lassen wir noch einmal so richtig die Sektkorken knallen!

Aram Katschaturian: Säbeltanz aus dem Ballett „Gayaneh"

Gayaneh ist eine junge Frau in Armenien. Sie arbeitet als Baumwollpflückerin und ist allen anderen ein gutes Beispiel. Von ihrem Mann Giko kann man das gleiche nicht behaupten. Er hat sich dem Trunk ergeben und kann am Arbeitsplatz nicht mehr seine Pflicht erfüllen. Er wird immer mehr zum Außenseiter und sinnt auf Rache.

Er will die Baumwollspeicher in Brand setzen und damit die Ernte vernichten.

Gayaneh versucht, ihren Mann auf den Pfad der Tugend zurückzuführen, aber er sperrt sie in ihre Kammer, damit sie seine Pläne nicht stören kann.

Also kann sie die schreckliche Tat nicht verhindern.
Aber er wird überführt und muss dafür ins Gefängnis.
Arme Gayaneh! Doch sie verliebt sich in einen anderen. Wer will ihr das verdenken? Und wenn sie nicht gestorben sind...

Und das Ganze hat Aram Khatschaturian (Aussprache für Sie in der Schweiz kein Problem!) natürlich tänzerisch erzählt, als Ballett.

Höhepunkt ist kurz vor Schluss der berühmte Säbeltanz!

Jaques Offenbach: Barcarole aus „Hoffmanns Erzählungen"

Romantik ist voller Kontraste.

La barca sagen die Italiener zu einem kleinen Boot. Die Gondola in Venedig ist im weitesten Sinne auch eine barca.

Und eine Barcarole ist ein venezianisches Gondellied mit typischem wiegendem 6/8-Takt.

Die Melodien von Barcarolen sind von ruhigem Charakter. Durch den unterlegten Lang-kurz-lang-kurz-Rhythmus wird der Eindruck einer wiegenden Bewegung in der Melodie hervorgerufen, die an das Schaukeln einer Gondel in den Kanälen Venedigs erinnert.

Jaques Offenbach eröffnet den 4. Akt seiner Oper „Hoffmanns Erzählungen" mit einer Barcarole.

„Hoffmann Erzählungen" ist heute neben Bizets *Carmen* die meistgespielte französische Oper.

Schließen Sie die Augen, meine Damen und Herren! Stellen Sie sich vor, Sie würden in einer lauschigen Abendstimmung in einer Gondel durch den Canal Grande Richtung San Marco fahren. Der Mond scheint. Vorbei an unzähligen Palazzi werden Sie durch das größte Museum der Welt geführt. Venedig ist und bleibt ein Märchen!

Bedrich Smetana:
Tanz der Komödianten aus „Die verkaufte Braut"

Verlassen wir das zauberhafte Venedig und gehen nach Böhmen. In einem böhmischen Dorf wird Kirchweih gefeiert. Die junge Marie jedoch ist traurig. Sie soll den dummen, aber reichen Wenzel heiraten, obwohl ihr Herz dem Hans gehört. Sie schwört ihrem Hans ewige Treue. Maries Vater und ein Ehevermittler kommen mit dem Ehevertrag. Aber Marie verweigert standhaft ihre Zustimmung.

Wenzel sitzt unterdessen im Wirtshaus. Er hat Marie noch nie gesehen und so ist es für sie ein leichtes, mit ihm ins Gespräch zu kommen und ihm seine zukünftige Braut in den schwärzesten Farben zu schildern. Es kommt so weit, dass Wenzel „so eine" nicht mehr haben will. Der Heiratsvermittler hat derweilen mit Hans einen Vertrag abgeschlossen.

Für 300 Gulden verzichtet Hans auf Marie: Deshalb „Verkaufte Braut". Wenig später kommt ein Wanderzirkus ins Dorf. Wenzel, dem die Lust am Heiraten vergangen ist, hat ein Auge auf die Tänzerin Esmeralda geworfen. Genau an dieser Stelle hat Bedrich Smetana in seiner Oper den „Tanz der Komödianten" komponiert.

Viel Vergnügen!

Johann Strauß: Rosen aus dem Süden, Walzer op. 388

Die bekannteste Operette von Johan Strauß? „Die Fledermaus"
Aber kennen Sie „Das Spitzentuch der Königin"?
Muss man nicht kennen!
So heißt eine andere Operette von Johann Strauß. Heute ist diese Operette ein vergessenes Werk. Das liegt wohl an deren völlig unattraktiven Inhalt.
Doch schon bei der Uraufführung wurde Strauß für seinen Melodienreichtum sehr gelobt.
Nach dem bewährten Rezept „Wie schreibe ich erfolgreich einen Konzertwalzer?" hat Strauß diese schönen Melodien aus der Operette zusammengefasst, aneinander gereiht, mal ein bisschen die Tonart verändert und eine lyrische bis majestätisch sich entwickelnde Introduktion vorangestellt.

Was dabei heraus kam, heißt heute „Rosen aus dem Süden". Neben dem „Kaiserwalzer" und „An der schönen blauen Donau" ist er wohl der am meisten gespielte Wiener Walzer.

Ein Johann-Strauß-Freund hat dazu gesagt:

„Es wird ein Wien sein und wir werden nimmer sein – ein Strauß'scher Walzer aber, der wird immer sein!"

Giuseppe Verdi: Ouvertüre zu „I Vespri siciliani"

So wie es Johann Strauß mit seiner Operette „Das Spitzentuch der Königin" erging, so erging es auch Giuseppe Verdi.
„Die sizilianische Vesper", als kultureller Höhepunkt der Pariser Weltausstellung im Jahre 1855 uraufgeführt, konnte sich im Opern-Repertoire nicht halten.
Verdi schrieb dieses Werk für Paris, es ist eine seiner französischen Opern.
Ihr Handlungsgerüst basiert auf historischen Ereignissen.
Doch das verwöhnte Pariser Opernpublikum konnte sich für diese Oper nie begeistern.

Aber die Ouvertüre! Sie ist ein echter Verdi-Klassiker geblieben.
Die zündendenden Melodien, die in der Ouvertüre zu einem Potpourri zusammengefasst wurden, sind und bleiben Höhepunkte klassischer Musik.

Genießen Sie jetzt noch einmal vor der Pause diese herrliche Musik!

Richard Wagner: Vorspiel zum 3. Akt aus „Lohengrin"
Charles Gounod: Ballettmusik aus „Faust"

Richard Wagner war das deutsche Pendant zum italienischen Opernstar Giuseppe Verdi. Beide waren ein Jahrgang, geb. 1813.
Aber ihre Auffassung von Oper war total konträr.

Wagner holte sich seine Stoffe aus der germanischen Sagenwelt, und mit dem fulminanten Vorspiel zum 3. Akt seiner Oper „Lohengrin" ging es nach der Pause weiter, jetzt mit Eduard Muri am Pult, wie Sie es seit vielen Jahren gewohnt sind!

Bleiben wir beim Thema Oper, meine Damen und Herren, und gehen wieder nach Paris:

Charles Gounod war der populärste Komponist der französischen Opernschule des 19. Jahrhunderts. Er lernte Goethes Faust-Dichtung als junger Mann kennen und wurde zu einer Oper angeregt, die in Frankreich „Faust et Marguerite" hieß.

Sie war von Beginn an ein großer Erfolg. In den ersten Jahren wurde sie alleine an ihrer Uraufführungsstätte etwa 300 Mal aufgeführt, daneben folgten Inszenierungen in Deutschland und Italien. An der Pariser Opéra folgten 3000 Aufführungen.

Nirgend woanders als dort wurde das Ballett in Opern mehr einbezogen.

Im 5. Akt befinden sich Faust und Méphisophélès auf dem Brocken, das ist der höchste Berg im Harz, zur Feier der Walpurgisnacht.

An dieser Stelle komponierte Gounod eine siebenteilige Ballettmusik.

Diese wurde später für den Konzertgebrauch mit entsprechenden Titeln versehen.

Davon hören Sie nun vier Sätze:

3. Danse antique
4. Variation de Cléopatra
6. Variation du miroir
7. Danse du Phryné

Meine Damen und Herren, ich hätte Ihnen das alles viel kürzer erklären können, aus Loriots „Kleinem Opernführer:
„Das Drama um Faust und Gretchen ist über die Jahre erstaunlich aktuell geblieben.

Bejahrte Männer, die mit Eintritt in den Ruhestand einen erneuten Ausbruch des alten erotischen Jagdfiebers erwarten, sind, das können Sie mir glauben, auf den Pakt mit dem Teufel oder Tabletten angewiesen.

Von Goethe gibt es die ganze Affäre in einer Bearbeitung <u>ohne</u> Musik."

Johann Strauß: Perpetuum mobile op. 257

Als Kind hatte ich die Vorstellung, dass es möglich sein müsste, mir das Fahrradfahren folgendermaßen zu erleichtern:

Ich schließe einen Elektromotor am Dynamo an, der Motor erspart mir das mühsame Treten, und durch die Drehung des Rades wird der Dynamo angetrieben für den Strom, den ich benötige. Wenn ich das Ganze einmal in Gang setze, würde es von alleine laufen!

Leider hat dies nie funktioniert. Ich hatte damals noch keine Ahnung von Physik und kannte auch den Begriff Perpetuum mobile nicht; denn ein solches hätte ich erfunden.

Johann Strauß dagegen ist es gelungen, ein musikalisches Perpetuum mobile zu erfinden.

Es handelt sich um eine Schnellpolka, die mit hohem Schwierigkeitsgrad von Anfang bis Ende in gleichbleibenden, kleinen Notenwerten und schneller Bewegung ausgeführt wird. Ein musikalischer Scherz!

Der Titel „Perpetuum mobile" ist hier allerdings als Anspielung auf dieses sich immer wiederholende Begleitmuster zu verstehen.

Musikalisch befinden wir uns in einer scheinbar endlosen Schleife. Aber: Es funktioniert!

Hören Sie selbst!

Hector Berlioz:
Symphonie Phantastique op. 14, Marche au supplice

Im Jahre 1828 geschah, „das größte Drama" seines Lebens. Er sah zum ersten Mal die irische Schauspielerin Henriette Smithson in Shakespeares Hamlet, und von ihrem Zauber in der Rolle der Ophelia wurde er derart eingenommen, dass ihm der Gedanke an sie nicht mehr aus dem Kopf ging.
So beschreibt es Hector Berlioz.
Doch sie schenkte dem damals noch ganz unbekannten Komponisten, er war gerademal 25 Jahre jung, keinerlei Beachtung, was ihn zutiefst kränkte. Welcher Mann hier im Saal könnte das nicht nachempfinden!
Zwei Jahre später bei ihrer Uraufführung in Paris war die „Symphonie fantastique" des jungen Hector Berlioz eine Sensation:

Berlioz ließ an die Zuhörer ein gedrucktes Programm verteilen, in dem er mitteilte, was seine Musik ausdrücken sollte.
Es begann (frei übersetzt) folgendermaßen:
Der Komponist stellt sich einen jungen Musiker vor (in Wirklichkeit sich selber, wohl bemerkt), besessen von maßloser Leidenschaft. Eines Tages erblickt er eine Frau, er ist von ihrem Zauber hingerissen.
Seine Traumfrau! Sie erscheint ihm wie zärtliche Musik. Eine Melodie verfolgt ihn.
Diese Melodie (eine idée fixe) durchzieht die gesamte Sinfonie als Leitmotiv.

Sie werden jedoch nur den 4. Satz aus dieser Sinfonie, den „Marsch zum Richtplatz", hören.

Was aber geschieht vorher?

Im 1. Satz „Traumbilder – Leidenschaft" erscheint ihm erstmals die Geliebte.

Auf einem Ball, das ist der 2. Satz, begegnet er ihr wieder. Die besagte Melodie wird zu einem rauschenden Walzer.

„Auf dem Lande" - „Scènes aux champs" –" spielt der 3. Satz.

Er schläft ein.

Ihm träumt, und jetzt kommen wir zu unserem nächsten Musikstück, er habe seine Geliebte ermordet, er sei zum Tode verurteilt und werde zum Richtplatz geführt, deshalb ist der 4. Satz ein furioser aber makabrer Marsch.

Und ganz zum Schluss erscheint sie wieder, die Idée fixe, für einen Augenblick nur, gleichsam als letzter Liebesgedanke (Solo-Klarinette), den der Todesstreich (Fortissimo-Schlag im vollen Orchester) unterbricht.

Halten Sie sich fest, meine Damen und Herren, es geht zum Richtplatz!

„Marche au supplice"!

Gioacchino Rossini: Ouvertüre zu „Wilhelm Tell"

Gioacchino Rossini, der Schwan von Pesaro, kommt immer wieder in unseren Neujahrskonzerten vor, meine Damen und Herren.

„Wilhelm Tell" war 1829 in Paris seine letzte Oper, bevor er sich mehr dem Erfinden von Schlemmerrezepten zuwandte.

Ihnen hier in der Schweiz etwas über Wilhelm Tell zu erzählen, hieße, Wasser in die Reuß tragen.

Es ist die berühmteste Sage Ihres Landes. Aber wie es zu dieser „Wilhelm-Tell-Ouvertüre" kommen konnte, das möchte ich Ihnen gerne etwas näher erläutern:

Friedrich Schiller war zeitlebens auf der Suche nach Stoffen, die sein Lieblingsthema „Freiheit des Menschen" darstellen lassen.
Er war nachweislich nie hier in der Schweiz gewesen, aber er hatte den Chronisten Ägidius Tschudi sehr genau gelesen und hatte sich mit der Topographie des Vierwaldstätter Sees vertraut gemacht, hatte Landkarten studiert und dann sein Schauspiel „Wilhelm Tell" als letztes Bühnenwerk 1804 verfasst.
Die erste Aufführung in der Schweiz erfolgte noch im selben Jahr hier in Luzern.

Rossini hat Schillers Schauspiel als Oper vertont, doch mit wenig Erfolg. Er war ein Meister der heiteren Oper, der opera buffa, gewesen. Im „Wilhelm Tell" gibt es zwar ein glückliches Ende, aber „Wilhelm Tell" ist keine opera buffa!
Nur die Ouvertüre wurde ein grandioser Erfolg.
Rossini komponierte vier Episoden, quasi als Vorwegnahme des folgenden Operninhalts.
Es beginnt mit einer idyllische Szene mit Melodieführung in den Celli.

Dazu passen Schillers Worte:
„Es lächelt der See, er ladet zum Bade,
der Knabe schlief ein am grünen Gestade,
da hört er ein Klingen, wie Flöten so süß,
wie Stimmen der Engel im Paradies."

Die zweite Episode ist ein gewaltiger Sturm:
Tell war nach dem Apfelschuss in Altdorf von Gessler festgenommen worden und sollte, im Boot gefesselt, von Flüelen nach Küssnacht gebracht werden.
Durch den Sturm geraten sie in Seenot, und Tell ist der Einzige, der das Schiff führen kann, deshalb wird er losgebunden und dadurch gelingt ihm die Flucht.

Bei Schiller heißt es im 4. Aufzug:
„Hört, wie der Abgrund tost, der Wirbel brüllt,
So hat's noch nie gerast in diesem Schlunde!
Wehe dem Fahrzeug, das, jetzt unterwegs,
In dieser furchtbarn Wiege wird gewiegt!"

Der dritte Teil, das ist der Kuhreigen:
Englischhorn und Flöten führen ein Zwiegespräch, für mich ist
das die schönste Stelle der Ouvertüre.
Bei Schiller im Schauspiel heißt es:
„Ihr Matten lebt wohl,
Ihr sonnigen Weiden!
Der Senne muss scheiden,
Der Sommer ist hin."

Und schließlich der rasende Schlussteil:
Der berühmte (manche sagen) „Gessler-Galopp", die bekannte
Wilhelm-Tell-Musik, die den glücklichen Ausgang der Geschich-
te charakterisiert.
Originaltext Schiller:
„Es lebe Tell! Der Schütz und der Erretter!"

Meine Damen und Herren, freuen wir uns auf die Ouvertüre zu
„Wilhelm Tell"!

Zugaben:

Leroy Anderson: Clarinet Candy
Edward Elgar: Pomp and Circumstance Nr. 1 D-Dur (ab Trio bis
Schluss)
Joh. Strauss Vater (Muri/Griffiths) Radetzky -Marsch

Meine Zugabe:
James Krüss: Was denken Tiere in der Neujahrsnacht

Was denken in der Neujahrsnacht
die Kater und die Katzen?
Sie denken, dass im alten Jahr
der Mausefang bescheiden war,
und strecken in das neue Jahr
begehrlich ihre Tatzen.

Was denken in der Neujahrsnacht
die Pudel und die Möpse?
Sie denken, dass nicht jeden Tag
ein Knochen auf dem Teller lag,
und wünschen für den Neujahrstag
sich Leberwurst und Klopse.

Was denken in der Neujahrsnacht
die Knäblein und die Knaben?
Sie denken, ob der Frost bald weicht
und ob ein Mensch den Mond erreicht
und ob sie nächstes Jahr vielleicht
Schuhgröße vierzig haben.

Was denken in der Neujahrsnacht
in aller Welt die Mädchen?
Die Mädchen denken unentwegt
und angeregt und aufgeregt
an das, was man im Sommer trägt,
ob Gretchen oder Kätzchen.

Was denken in der Neujahrsnacht
die alten, alten Leute?
Sie denken unterm weißen Haar,
wie sonderbar das Leben war,
und dass das Glück sie wunderbar
geleitet hat bis heute.

Meine Damen und Herren, die Südwestdeutsche Philharmonie,
Eduard Muri, Kevin Griffiths und ich wünschen Ihnen ein frohes, glückliches und vor allem gesundes Neues Jahr!

Tonhalle Zürich
KKL Luzern

Elisabeth Leonskaja

Sharon Kam

Ruben Gazarian

Marc Andreae

Mirijam Contzen

Ronald Holzmann

Kevin Griffiths

Andreas Spörri

ARTEMUS KONZERTE ZÜRICH

Artemus-Konzertzyklus 2009/10
Eduard Muri · Künstlerische Leitung und Programmgestaltung

Südwestdeutsche Philharmonie Konstanz
Württembergisches Kammerorchester Heilbronn

Kevin Griffiths

wurde 1978 in London geboren und machte bereits reiche Dirigiererfahrung mit Formationen wie dem Tonhalle Orchester, dem Luzerner Sinfonieorchester, der Südwestdeutschen Philharmonie, der Anhaltischen Philharmonie Dessau, dem Brandenburgischen Staatsorchester, dem Orquesta Sinfonica de Navarra, dem Istanbul Sinfonieorchester und dem Musikkollegium Winterthur.

Seine zweijährige Stelle als Junior Fellow in Dirigieren am Royal Northern College of Music hat er im Sommer 2009 abgeschlossen. Dort studierte er bei Sir Mark Elder und dirigierte Opern Produktionen wie Ravels "L'heure espagnol", "L'Enfant et les Sortilèges" und "Die Fledermaus" von Johann Strauss.

Er ist Gründer und Dirigent des London Steve Reich Ensembles. Ihre Debüt CD wurde für die Plattenfirma CPO eingespielt und mit dem Diapason d'Or gekrönt.

Ein wichtiger Bestandteil seiner künstlerischen Tätigkeit ist sein Einsatz, die klassische Musik Kindern zugänglich zu machen. Regelmässig dirigiert und moderiert er Konzerte für Kinder.

Namhafte Künstler wie Boris Pergamenschikow, Dimitri Ashkenazy, Ricardo Castro und Solisten der Berliner Philharmoniker traten mit Kevin Griffiths auf.

Einen grossen Einfluss auf seine Entwicklung als Dirigent hatte David Zinman, von dem er 2004 und 2005 ein fellowship an der Akademie in Aspen (USA) bekam, sowie Colin Metters, bei dem er an der Royal Academy of Music in London Orchesterleitung studierte und erfolgreich mit einem Postgraduate Diplom abgeschlossen hat.

Im Dezember 2009 gab Kevin Griffiths sein Debüt im Konzerthaus Berlin.

Eduard Muri

Studium an den Musikakademien von Zürich und Basel (Erich Schmid). Weitere Impulse erhielt er von Rafael Kubelik und István Kertesz.

Gründer und künstlerischer Leiter des Artemus-Konzertzyklus. Nebst der Südwestdeutschen Philharmonie, die er seit 1972 in mehreren hundert Konzerten dirigierte, leitete Eduard Muri auch andere bedeutende Orchester: Berner-, Luzerner- und Winterthurer Sinfonieorchester, Stuttgarter Philharmoniker, Württembergische Philharmonie, Philharmonisches Orchester Erfurt, Dubrovnik Festival Orchestra, Philharmonia Hungarica, Scala-Orchester Mailand. Von 1966 bis 1995 war Eduard Muri künstlerischer Leiter und Dirigent des Philharmonischen Orchesters Basel. Mit Eduard Muri musizierte eine Vielzahl der bedeutendsten Solisten, so u.a. Maurice André, Rudolf Buchbinder, Shura Cherkassky, Vladimir Feltsman, Andor Foldes, Nelson Freire, Reinhold Friedrich, Bruno-Leonardo Gelber, Peter-Lukas Graf, Ulf Hoelscher, Ursula Holliger, Václav Hudecek, Katia & Marielle Labèque, Nikita Magaloff, Sergei Nakariakov, Marie Luise Neunecker, Igor Oistrach, Güher und Süher Pekinel, Konstantin Scherbakov, Dmitry Sitkovetsky, Josef Suk, Ludovic Tézier, Viktor Tretjakov, Isabelle van Keulen, Antje Weithaas. Auch sind mehrere Mitglieder der Berliner Philharmoniker als Solisten mit Eduard Muri aufgetreten.

Während der langen Zusammenarbeit mit der Südwestdeutschen Philharmonie hat Eduard Muri das gesamte sinfonische Oeuvre von Ludwig van Beethoven aufgeführt. Ferner erklangen in seinen Konzerten u.a. alle Schubert-, Brahms- und Mendelssohn-Sinfonien, sowie die späten Sinfonien von Haydn und Mozart nebst vielen anderen grossen Orchesterwerken.

Eduard Muri hatte in seiner Jugend die Gelegenheit, bei den internationalen Musikfestwochen Luzern IMF (heute Lucerne Festival) die bedeutendsten Dirigenten der Geschichte wie Ansermet, Barbirolli, Bernstein, Böhm, Cantelli, Celibidache, Fricsay, Furtwängler, Giulini, Jochum, Karajan, Klemperer, Krips, Kubelik, Markevitch, Mitropoulos, Ormandy, Schuricht, Solti, Szell bei Proben und Konzerten live zu erleben. Diese einmaligen und wunderbaren musikalischen Erlebnisse haben seine Interpretationen massgebend geprägt.

Ronald Holzmann
Moderation

Geboren und aufgewachsen ist Ronald Holzmann in der Uhrenstadt Furtwangen im Schwarzwald.

Nach dem Abitur folgte ein Studium an der Pädagogischen Hochschule Freiburg/Breisgau in den Fächern Deutsch und Musik: Klarinettenunterricht bei Albert Kaiser, Gesangsunterricht bei Prof. Dieter Kern, Chorleitung bei Siegfried Lustig sowie Prof. Wolfgang Schäfer und Prof. Günther Weiss.

Seit 1973 arbeitete er als Lehrer an verschiedenen Schulen in Süddeutschland (Donaueschingen, Freiburg).

1990 erhielt er einen Lehrauftrag für Musikdidaktik am Staatlichen Seminar für die Ausbildung für das Lehramt an Realschulen und bildete jahrelang junge Musiklehrer aus.

Seit 1995 ist er Rektor der Realschule am Mauracher Berg in Denzlingen bei Freiburg.

Im Alter von 20 Jahren bereits leitete er die Stadtkapelle Furtwangen. Nach seinem Wohnungswechsel in den Freiburger Raum dirigierte er verschiedene Blasorchester.

Seit 1998 ist er Vorsitzender des Musikbeirats im BDB und er leitet die Musikkommission (Gremium aus Bläserjugend, Akademie und Musikbeirat).

Seit vielen Jahren ist er auch als Juror bei Wertungsspielen und Wettbewerben tätig.

Neben dem Dirigieren ist die Gehörbildung sein «Steckenpferd». Sein Gehörbildungskurs gehört seit Bestehen der BDB-Musikakademie zum jährlichen Kursprogramm.

Ronald Holzmann moderiert die Neujahrskonzerte bereits zum fünften Mal.

2009

Tonhalle Zürich – Grosser Saal
Freitag, 2. Januar 2009, 19.30 Uhr
Samstag, 3. Januar 2009, 19.30 Uhr
Kultur- und Kongresszentrum Luzern – Konzertsaal
Sonntag, 4. Januar 2009, 19.30 Uhr

Brillante Neujahrs-Konzertgala 2009

Südwestdeutsche Philharmonie
Kevin Griffiths, Leitung 1. Teil
Eduard Muri, Leitung 2. Teil
Ronald Holzmann, Moderation

Johann Strauß
Ouvertüre « Zigeunerbaron »
Antonín Dvořák
Slawische Tänze op. 46
Nr. 1 C-Dur
Nr. 8 g-Moll
Johann Strauß
Leichtes Blut
Polka schnell op. 319
Camille Saint-Saens
Bacchanale aus « Samson und Dalila » op. 47
Edward Elgar
Pomp and Circumstance
Military March op. 39 Nr. 2 a-Moll
Franz Liszt
Ungarische Rhapsodie Nr. 2 c-Moll
(Orchestrierung Karl Müller-Berghaus)

Gioacchino Rossini
Ouvertüre « La Gazza ladra »
(Die diebische Elster)
Johann Strauß
Wein, Weib und Gesang
Walzer op. 333
John Philip Sousa
The Washington Post
Josef Franz Wagner
Unter dem Doppeladler (Under the Double Eagle)
(Great Marches: New York Philharmonic/Bernstein Favorites)
Giuseppe Verdi
Aus « Aida »
Tanz der kleinen Mohrensklaven
Ballabile Act II Scene 2
Bedrich Smetana
Die Moldau
Sinfonische Dichtung Nr. 2 aus « Mein Vaterland »

Johann Strauß: Ouvertüre zu „Zigeunerbaron"
Antonín Dvořák :
Slawische Tänze op. 46, Nr. 1 C-Dur und Nr. 8 g-moll

„Ja, das Schreiben und das Lesen ist nie mein Fach gewesen; denn schon von Kindesbeinen befasst ich mich mit Schweinen. Ja, mein idealer Lebenszweck ist Borstenvieh und Schweinespeck".

So, meine sehr verehrten Damen und Herren, charakterisiert sich Kàlmàn Zsupàn. Als reicher Schweinezüchter kann er seinen Lebenszweck so sehen. Er ist eine der Hauptfiguren in der Operette „Der Zigeunerbaron". Aber in der Ouvertüre kommt die Melodie seines berühmten Eingangsliedes gerade nicht vor, obwohl Johann Strauß in dieser Ouvertüre fast alle Hauptmelo-

dien potpourriartig zusammengefasst hat. Am Abend der Uraufführung 1885 in Wien stand bereits fest. Johann Strauß hatte
damit wieder ein Meisterwerk geschaffen.

Unser Lebenszweck heute Abend, meine Damen und Herren, ist
das Musikhören und das Musikgenießen. Ich freue mich sehr,
dass ich Sie wieder durch das Programm führen darf und ich
kann Ihnen einige wirkliche Schmankerl versprechen: etwas
Zigeunerromantik bildet den Rahmen unseres ersten Konzert-
teils; denn die Ungarische Rhapsodie von Franz Liszt wird uns
noch einmal Puszta-Klänge bringen. Dazwischen Tanzmusik im
weitesten Sinne: Polka, Marsch und ein Bacchanal.
Doch dazu später mehr!

Es geht weiter im Programm, meine Damen und Herren, mit
Antonin Dvoràks Slawischen Tänzen. Insgesamt hat Dvoràk 16
Tänze komponiert. Zwei davon sind besonders durch ihren
ständigen Rhythmuswechsel typisch slawisch. Solche Tänze
heißen bei den Slawen „Furiant". Und diese beiden hören wir
jetzt: Die Nr. 1 in C-Dur und Tanz Nr. 8 in g-moll.

Die Südwestdeutsche Philharmonie spielt unter Leitung von
Kevin Griffiths.

Johann Strauß: Leichtes Blut, Polka schnell op. 319

Wenn Johann Strauß sein eigenes Leben erzählen würde, dann
könnte das folgendermaßen beginnen:
„ Ich wurde am 25. Oktober 1825 in Wien geboren. Es war sicher
kein Zufall, dass ich denselben Vornamen wie mein berühmter
Vater, der übrigens Komponist war, bekommen habe! In der
Schule hatte ich aber immer Probleme.
Aus dem Schottengymnasium wurde ich hinausgeworfen – ich
war halt mehr ein künstlerisch – kreativer Typ!

Schon sehr früh, im Alter von sechs Jahren, unternahm ich meine ersten Kompositionsversuche. Diese Leidenschaft ließ mich auch nicht mehr los. Als mein Vater unsere Familie verlassen hat, gründete ich – ein wenig zum Trotz – meine eigene Kapelle – ein Ballorchester. In Wien hatte ich es da relativ leicht. Diese Stadt war im 19. Jahrhundert doch die „Welthauptstadt der Musik".

Besonders beliebt war die Operette, die sehr schön die Gesellschaft widerspiegelte. In dieser Gattung war ich sehr erfolgreich vertreten.

Meinen eigentlichen Ruhm erreichte ich allerdings durch meine Walzer, nicht umsonst nennt man mich den „Walzerkönig".

Mein „Donauwalzer" ist auf der ganzen Welt berühmt! Aber ich habe auch unzählige Polkas komponiert, denen ich meist lustige Titel gab: zum Beispiel „Fidelen Polka", „Scherz-Polka" oder „Herzel-Polka". Und weil diese Polkas alle so leicht daherkommen, kann ich mir sehr gut vorstellen, dass sie auch noch im Jahre 2009 bei fröhlichen Ereignissen gespielt werden. Darüber würde ich mich sehr freuen!"

Nun, mein lieber Johann Strauß, dies wollen wir Ihnen zu unserer eigenen Freude gerne gewähren!

„Leichtes Blut", Schnellpolka opus 319.

Viel Vergnügen!

Camille Saint-Saens:
Bacchanale aus „Samson und Dalila" op. 47

Die Geschichte spielt über tausend Jahre vor Christi Geburt: Ein biblisches Thema also, meine Damen und Herren, die Geschichte von Samson und Dalila. Aber ich soll Ihnen im 2. Teil heute Abend noch einen Operninhalt nahebringen, nämlich die tragische Geschichte der Aida.

Deshalb beschränke ich mich jetzt auf ganz Wesentliches für das nächste Musikstück, meine Damen und Herren.

Ich habe Ihnen im vergangenen Jahr bei der Ballettmusik zu Gounods „Faust" erzählt, dass gerade in der französischen Oper des 19. Jahrhunderts die Ballettmusiken eine große Bedeutung hatten. Das Publikum liebte das Ballett. Daher hat auch Camille Saint-Saens in seiner Oper „Samson und Dalila Tanzszenen eingebaut.

Auch in vorchristlicher Zeit wussten die Menschen Feste zu feiern. Und wie!

Im 3. Akt der Oper ist ein Tempel der Schauplatz. Dort wird ein wahrhaft wildes Fest gefeiert, ein richtiges Trinkgelage: ein Bacchanal!

Meine Damen und Herren, lassen sie sich von dieser orientalisch-sinnlichen Musik verführen!

Edward Elgar:
Pomp and Circumstance, Military March op. 39 Nr. 2 a-moll

Auch die Gattung Marsch wird streng genommen musikalisch den Tänzen zugeordnet. Unter den höfischen Tänzen der Barockzeit waren immer auch Märsche zu finden:
Schreit-Tänze.

Der Engländer Edward Elgar hat vor ziemlich genau hundert Jahren vier Märsche komponiert unter dem Titel „Pomp and Circumstance". Einen fünften und letzten fügte er wenige Jahre vor seinem Tod erst 1930 hinzu.

Aber alle fünf Märsche sind Military Marches.

Marsch Nummer 1 in D-Dur ist so weltberühmt, dass man ihn oftmals als zweite englische Nationalhymne bezeichnet, weil er einen so wunderbar gesanglichen Mittelteil enthält. Diese Melodie kenne wir alle:

(Moderator singt Melodie: duuu - du-du-du-duuu-da)

Aber auch die übrigen Märsche enthalten solche Kantilenen.

Eduard Muri hat für das Programm heute Abend „Pomp and Circumstance Number Two" ausgewählt.

Ein alter englischer Marsch, interpretiert von einem jungen englischen Dirigenten: von Kevin Griffiths!

Franz Liszt:
Ungarische Rhapsodie Nr. 2 c-moll

Ich versprach Ihnen eingangs noch einmal Puszta-Romantik, meine Damen und Herren:

Die Ungarische Rhapsodie Nr. 2 in c-Moll von Franz Liszt beschließt unseren 1. Programmteil.

Liszts Rhapsodien basieren auf Zigeunerweisen, deren Hauptmerkmal die so genannte Zigeuner-Moll-Tonleiter ist. Das ist eine Moll-Tonleiter, deren vierte Tonstufe um einen Halbtonschritt erhöht wird. In der Musikersprache nennt man das eine übermäßige Quarte. Das macht ihren besonderen Reiz aus. Franz Liszt hat damit den in seiner Zeit vorherrschenden Musikgeschmack berücksichtigt, so wie auch Georges Bizet mit seiner Oper „Carmen".

Ursprünglich war eine Rhapsodie ein von griechischen Wandersängern vorgetragenes Gedicht. Diese Sänger hießen Rhapsoden.

Heute versteht man unter Rhapsodie ein Musikstück, das an keine bestimmte Form gebunden ist. Die musikalischen Themen sind lose miteinander verknüpft. Sie können flüchtige, unzusammenhängende Motive sein, die nicht unbedingt aufeinander aufbauen.

Aber diese Art von Musik wirkt sehr emotional und spricht unsere Gefühle an.

Die Klarinettenkadenzen spielt Kai Ahrens.

Meine Damen und Herren: Folgen Sie uns in die Puszta!

Gioacchino Rossini:
Ouvertüre zu "La Gazza ladra", (Die diebische Elster)

Ich muss Ihnen ein Kompliment machen, meine Damen und Herren. Sie haben eben beim Beginn dieser „Rossini-Ouvertüre" großen musikalischen Sachverstand bewiesen. Ja! Niemand ist hat sich vom Platz erhoben.

In London war das vor einigen Jahren einmal ganz anders. Bei diesen Trommelwirbeln ganz am Anfang stand plötzlich der ganze Saal auf. Denn die haben alle geglaubt, es käme jetzt die Nationalhymne. „God save our gracious Queen".

Rossinis Ouvertüren sind so beschwingt und so leicht, dass sie immer wieder in den Programmen unserer Neujahrs-Konzertgala erklingen. Mit der heiteren Ouvertüre zu „La gazza ladra" haben wir den zweiten Teil eröffnet. Die Südwestdeutsche Philharmonie spielt nun unter der Leitung von Eduard Muri.

Johann Strauß: Wein, Weib und Gesang, Walzer op. 333

Beschwingt soll es weiter gehen, nochmals mit Johann Strauß. „Rosen aus dem Süden" hatten wir im vergangenen Jahr und dieses Mal steht als Wiener Walzer „Wein, Weib und Gesang" auf dem Programm.

Wie bei der Polka, so auch hier ein lustiger Titel:

„Wein, Weib und Gesang"

Sprachlich betrachtet, ist das ein Stilmittel, eine rhetorische Figur, die einen Begriff, einen Lebensstil, durch drei Wörter mit annähernd derselben Bedeutung wiedergibt.

Entsprechungen gibt es auch in anderen Sprachen:

„Wine, women and song", sagt man in England.

„Vino, mujeres y canciones", sagen die Spanier, und die Franzosen drücken es so aus:

„Vin, femme et chanson"

„Wer nicht liebt Wein, Weib, Gesang, der bleibt ein Narr sein Leben lang", hat Martin Luther gesagt.

Oder von einem unbekannten Dichter stammt eine Wirtshausinschrift, und die ist für mich der schönste Reim zu diesem Thema:

„Wein, Weib, Gesang, das sind auf Erden aller Weisen Hochgenuss. Denn sie lassen selig werden, ohne dass man sterben muss!"

John Philip Sousa: The Washington Post
Josef Franz Wagner: Unter dem Doppeladler

Die beiden folgenden Programmpunkte lassen sich sehr gut in einer Moderation zusammenfassen, meine Damen und Herren.

Wenn Johann Strauß der Walzerkönig ist, dann ist Franz Josef Wagner der österreichische Marschkönig.

Sein bekanntestes Werk ist der Marsch „Unter dem Doppeladler" aus dem Jahre 1902. Benannt hat er ihn nach dem Doppeladler im Wappen des österreich-ungarischen Reiches. Aus seiner Feder stammt übrigens auch der Marsch „Tiroler Holzhackerbuam".

„The King of Marches" jenseits des Atlantiks, der heißt John Philip Sousa.

Fast jeder kennt die Märsche von John Philip Sousa, ohne dass der Name des Komponisten auch nur annähernd so geläufig wäre. Seine patriotische Komposition „The Stars and Stripes

Forever" gilt als eine Art zweite Nationalhymne der USA: deutscher Titel „Unter dem Sternenbanner". Sein Marsch „The Washington Post" aber wurde im Auftrag der gleichnamigen Zeitung komponiert.

Zwei der größten Dirigenten des 20. Jahrhunderts haben beide Militär-Märsche, „The Washinton Post" und „Unter dem Doppeladler", mit ihren weltberühmten Orchestern gespielt: Herbert von Karajan mit den Berliner - und Leonard Bernstein mit den New Yorker Philharmonikern und auf CD verewigt. Das spricht für die Qualität beider Kompositionen.

Und noch etwas: Dieses Konzerthaus hat schon viel erlebt und fast alles gehört, was an schöner Musik komponiert wurde. Aber diese beiden Märsche, gespielt von einem großen Sinfonieorchester, erklingen hier im KKL zum ersten Mal.

Heute Abend für Sie, meine Damen und Herren: Eduard Muri und die Südwestdeutschen Philharmoniker.

Viel Spaß!

Giuseppe Verdi:
Aus „Aida", Tanz der kleinen Mohrensklaven, Ballabile Act II, Scene 2

Noch einmal Ballettmusik im Programm heute Abend, meine Damen und Herren. Mit dem Operntitel „Aida" verbinden wir alle „Hymne und Triumphmarsch." Doch auch Verdi hat in seiner berühmtesten Oper Ballettmusiken geschrieben. Beispielsweise im 2. Akt, den „Tanz der kleinen Mohrensklaven" und ein „Ballabile".
Beides werden wir gleich hören.
Die „Aida" gehört zum Repertoire der Opernfestspiele in Verona. Und ich bin sicher, dass viele unter Ihnen, meine Damen

und Herren, dort schon einmal diese großartige Operninzenierung erlebt haben. Als meine Frau und ich vor einigen Jahren in Verona waren, habe ich Folgendes gedichtet.

Es ist meine – zugegeben nicht ganz ernst zu nehmende – Inhaltsangabe zu dieser Oper.

Im Stile Eugen Roths, dessen Gedichte mit „Ein Mensch" beginnen, lautet sie:

Ein Mensch, der nach Verona fuhr,
samt Weib zu einer Opern-Tour,
der lauscht auf der Arena Treppe
Musik von Verdi, dem Giuseppe.
Denn heute ist „Aida" dran.
(Ein Slavengirl, ohn' Ehemann,
weshalb sie wirkt sehr unzufrieden;
es spielt im Land der Pyramiden.)
Sie trägt an ihrem schönen Rumpf
nur Markenwäsche von Triumph
und singt darum in einer Tour:
„Triumph, Triumph krönt die Figur!"
Hinzu des Chores Sänger treten,
dann spielen Hörner und Trompeten
das Lieblingsstück von Tante Frieda,
es heißt Triumphmarsch aus „Aida".
Der Mensch kennt diesen sowieso
vom Sonntagsfrühstücksradio.
Mehr kann er leider nicht versteh'n,
sollt' lieber doch ins Kino geh'n!
Dort tät man ihm mit Untertiteln
den Inhalt wenigstens vermitteln!
Aidas letztes Wort: „Addio!" -
Der Mensch pfeift leis': „O sole mio!"
Es folgt ein langer Schlussapplaus.
Das war's – jetzt ist die Oper aus!

Zu allem Unglück hat's dann aber fürchterlich geregnet, so dass die Aufführung abgebrochen werden musste. Weshalb ich den Schluss meines Gedichtes umformulieren musste:

Trotz allem ihrem Liebeswerben
muss sie am Ende qualvoll sterben;
Denn wenn's den ganzen Abend dauert,
wird sie lebendig eingemauert.
Doch findet alles dann nicht statt,
wenn's in Verona Regen hat.
Aida rettet dies das Leben.
Der Mensch geht darauf einen heben!

Bedrich Smetana:
Die Moldau, Sinfonische Dichtung Nr. 2 aus „Mein Vaterland"

Wenn es eine „Top-Ten" der klassischen Musik gibt, meine Damen und Herren, dann ist „Die Moldau" sicherlich unter diesen ersten 10 Titeln zu finden. Sie alle haben diese wunderschöne Naturschilderung schon oft gehört. Sie gehört zu meist gespielten Wunschsendungen im Rundfunk, und es gibt unzählige Platten- und CD-Einspielungen.
Auch in unserer brillanten Neujahrs-Konzertgala 2009 ist sie mit dabei und bildet den krönenden Abschluss.
Worin liegt diese Popularität dieses Werkes begründet?
Es ist Bedrich Smetanas Vaterlandsliebe, die mit jedem Ton zum Ausdruck gebracht wird.
Kommen Sie mit nach Böhmen an die Moldau, meine Damen und Herren, lauschen Sie den quirligen Flöten-, und Klarinettenquellen!
Dann das erklingt erstmals das wunderschöne singende Thema der Moldau. Die Waldjagd mit charakteristischen Hörnerklängen folgt. Die Moldau fließt auch heute noch durch ausgedehnte

Waldgebiete; danach die burleske Polka einer Bauernhochzeit, deren Eindrücke der Fluss im Vorbeifließen auffängt.

Es wird Nacht: Der Mond leuchtet, und in diesem Glanz baden die Wassernixen und tanzen ihren Nymphenreigen.

Es geht vorbei an stolzen Burgen in Richtung St.-Johann-Stromschnellen, wo die Moldau laut gischtend aufschäumt.

Zum Schluss erklingt das erhabene Vysherad-Thema im tiefen Blech. Das ist, so deute ich es, Smetanas Verneigung vor der Geschichte seines Volkes.

Dann strömt der Fluss majestätisch auf Prag zu und verliert sich in der Ferne, dort wo er endet und sich mit der Elbe vereint.

Wunderschöne zwölf Minuten stehen uns bevor, meine Damen und Herren. Genießen Sie „Die Moldau"!

Zugaben

Zunächst Kevin Griffiths mit der Schnellpolka
„Ohne Sorgen" von Josef Strauß
Dann Eduard Muri mit „Bugler's Holiday" von Leroy Anderson
Die Solisten sind Jürgen Frank, Anja Brandt und Eisuke Yamamoto

Nach Rücksprache mit zwölf Wahrsagern möchte ich Ihnen sieben Tipps mit auf den Weg durch das Jahr 2009 geben:

1. Seien Sie glücklich! denn: Unglücklichsein führt nicht selten zu Niedergeschlagenheit.

2. Bleiben Sie gesund! denn: Gesunde Menschen haben mehr vom Leben. Krankheiten sind lästig und mindern die Lebensqualität.

3. Investieren Sie nicht zu viel in Aktien, denn das hat das vergangene Jahr gezeigt.

4. Halten Sie Frieden, vermeiden Sie Kriege! denn besonders Angriffskriege ohne gründliche Planung der Eventualitäten führen immer in die Katastrophe.
(z.B. ein früher Wintereinbruch)
Also rechtzeitig über die Gegebenheiten informieren!
Nutzen Sie den Schweizer Wetterdienst!

5. Die Lottozahlen vom 4. April 2009 lauten 6, 17, 23, 25, 31, 45, Zusatzzahl 7 oder so ähnlich.

6. Seien Sie freundlich zu ihren Nachbarn! Vor allem zu dem mit der Bohrmaschine.

7. Trinken Sie hin und wieder ein Glas Sekt oder ein Gläschen Wein! Denn: Das hatten wir heute Abend schon mal:

Wer nicht liebt Wein, Weib, Gesang,
der bleibt ein Narr - sein Leben lang!

In diesem Sinne wünschen wir, die Südwestdeutsche Philharmonie, Eduard Muri, Kevin Griffiths und ich:
Prosit Neujahr!

Brillante Neujahrs-Konzertgala 2010

Tonhalle Zürich – Grosser Saal
   Samstag, 2. Januar 2010, 19.30 Uhr
   Sonntag, 3. Januar 2010, 19.30 Uhr
Kultur- und Kongresszentrum Luzern – Konzertsaal
   Freitag, 8. Januar 2010, 19.30 Uhr

Südwestdeutsche Philharmonie
   Kevin Griffiths, Leitung
   Ronald Holzmann, Moderation

Johann Strauss
   Ouvertüre «Die Fledermaus»
Giuseppe Verdi
   La Traviata, Vorspiel zum 1. Akt
Peter Tschaikowsky
   Walzer aus «Dornröschen» op. 66
Johann Strauss
   Tritsch-Tratsch-Polka op. 214
Felix Mendelssohn-Bartholdy
   Aus «Ein Sommernachtstraum»
   Rüpeltanz
   Hochzeitsmarsch
Alexis Emmanuel Chabrier
   España, Rhapsodie F-Dur für grosses Orchester

Carl Michael Ziehrer
   Fächer-Polonaise op. 525
Johann und Joseph Strauss
   Pizzicato-Polka
Johann Strauss
   Banditen-Galopp op. 378
Gioacchino Rossini
   Ouvertüre «La scala di seta»
   (Die seidene Leiter)
Georges Bizet
   Musik aus Carmen und Arlésienne
   Aragonaise – Les Dragons d'Alcala
   Minuetto – Farandole
Franz von Suppé
   Ouvertüre «Leichte Kavallerie»

2010

Tonhalle Zürich – Großer Saal

Samstag, 2. Januar 2010, 19.30 Uhr

Sonntag, 3. Januar 2010, 19.30 Uhr

Kultur- und Kongresszentrum Luzern – Konzertsaal

Freitag, 8. Januar 2010, 19.30 Uhr

Konzertdauer ca. 2 Std.

Brillante Neujahrs-Konzertgala 2010

Südwestdeutsche Philharmonie
Kevin Griffiths, Leitung
Ronald Holzmann, Moderation

Johann Strauß
Ouvertüre « Die Fledermaus »
Giuseppe Verdi
La Traviata, Vorspiel zum 1. Akt
Peter Tschaikowsky
Walzer aus « Dornröschen » op. 66
Johann Strauß
Tritsch-Tratsch-Polka op. 214
Felix Mendelsson-Bartholdy
Aus « Ein Sommernachtstraum »
Rüpeltanz
Hochzeitsmarsch
Alexis Emmanuel Chabrier
España, Rhapsodie F-Dur für grosses Orchester

Carl Michael Ziehrer
Fächer-Polonaise op. 525
Johann + Joseph Strauß
Pizzicato-Polka
Johann Strauß
Banditen-Galopp op. 378
Gioacchino Rossini
Ouvertüre « La scala di seta »
(Die seidene Leiter)
Georges Bizet
Musik aus Carmen und Arlésienne
Aragonaise – Les Dragons d'Alcala
Minuetto – Farandole
Franz von Suppé
Ouvertüre « Leichte Kavallerie »

Johann Strauß: Ouvertüre „Die Fledermaus"
Giuseppe Verd: „La Traviata", Vorspiel zum 1. Akt

Guten Abend, meine sehr verehrten Damen und Herren, herzlich willkommen zu unserer brillanten Neujahrs-Konzertgala. Sie haben sich entschieden, das neue Jahr mit einem Musikgenuss zu beginnen, und ich verspreche Ihnen nicht zu viel, wenn ich sage, dass Sie wunderschöne, schwungvolle und auch zauberhafte Musik erleben werden.
Ich freue mich, dass ich heute Abend Ihr Reisebegleiter sein darf; denn unsere musikalische Reise geht quer durch ganz Europa.
Wir haben in Wien begonnen und wir werden in Wien enden. Dazwischen bereisen wir Russland, Deutschland, Spanien, Südfrankreich und Italien.

Allen Musikstücken ist eines gemeinsam: Alle sind Tonschöpfungen des 19. Jahrhunderts, des Zeitalters der Romantik.

Johann Strauß, meine Damen und Herren, stellen Sie sich folgende Situation vor. Es klingelt an seiner Haustüre. Draußen steht sein Nachbar, Robert Fischhof. Er wohnt im Hause gegenüber und ist ein mittelmäßiger Klavierspieler. „Guten Tag, mein lieber Herr Strauß. Darf ich Ihnen mal etwas auf dem Klavier vorspielen?"

Johann Strauß, den seine Freunde Schani genannt haben, bittet ihn ans Klavier und Robert Fischhof spielt:

Strauß erschrickt, wird ganz blass: „Das ist doch mein neuer Walzer! Den hab ich doch vorgesehen für meine neuste Operette ‚Die Fledermaus'!"

Aber die Situation klärt sich:

Strauß hatte wohl voller Begeisterung über diese neue Melodie den Walzer gar zu oft laut bei geöffnetem Fenster gespielt, und Nachbar Fischhoff hatte ihm diesen offensichtlich ganz einfach abgelauscht.

Ab sofort befürchtete Strauß, dass feinhörige Schlauköpfe ihm zur Unzeit seine schönen Melodien ablauschen könnten. Ja, sie könnten ihn sogar um sein geistiges Eigentum bringen.

Deshalb hat er sich ein eigenes, nur gedämpfte Töne von sich gebendes Klavier konstruieren lassen.

Gehen wir nun nach Italien. Giuseppe Verdi war ein paar Jahr älter als Johann Strauß. Er komponierte keine Operetten, auch keine Polkas, dafür aber wunderschöne Opernmusik: „Aida", „Nabucco", „Die Macht des Schicksals" und „La Traviata", wörtlich: die vom Weg Abgekommen. Eine Mätresse, eine Konkubine also steht im Mittelpunkt seiner Opernhandlung.

Das Publikum tat sich schwer damit, deshalb fiel die Oper, ähnlich wie Bizets Carmen, ein Zigeunermädchen in der Hauptrolle, zunächst einmal durch. Damit konnte und wollte man nichts anfangen.

Heute gehört „La Traviata" zu den erfolgreichsten Opern der Musikgeschichte.

Und Verdi konnte natürlich zündende Melodien schreiben, richtige Ohrwürmer, verzeihen sie mir das Wort. So wie im Vorspiel zum 1. Akt.

Aber wie lautet das Rezept, zündende, gefällige Melodien zu schreiben:

Man nehme eine Tonleiter. (Moderator singt auf „na")
Spiele sie abwärts – langsam, aber nicht bis um Grundton zurück, sondern ende auf der 2. Tonstufe und den dritten Ton lassen wir ganz weg:

Aber hören sie selbst!
Genial einfach – einfach genial! Freuen Sie sich drauf!

Peter Tschaikowsky: Walzer aus „ Dornröschen" op. 66

Einen Walzer hatten wir schon in der „Fledermaus-Ouvertüre" zu Beginn des heutigen Abends, meine Damen und Herren, und mit einem berühmten Walzer geht's nun weiter im Programm.
Wenn Sie in den letzten Jahren bei unseren Neujahrskonzerten dabei waren, dann wissen sie, dass im 1. Programmteil eigentlich immer ein Konzertwalzer gespielt wird: „Wein, Weib und Gesang" im vergangenen Jahr, „Rosen aus dem Süden" war der Walzer im Programm 2008.
Aber heute Abend hören Sie keinen Johann-Strauß-Walzer.
Denn: Wir reisen nach Russland.
Was Strauß des Öfteren im Sommer auch tat.

Von Wien ausgehend, hat diese damals neue Tanzform, der Wiener Walzer, Europa erobert.

101

In Russland schrieb Pjotr Iljitsch Tschaikowski mehrere Ballett-musiken: „Der Nussknacker", „Schwanensee" und das Ballett „Dornröschen".
Es basiert auf dem Märchen „La belle au bois dormant" von Charles Perrault aus dem Jahr 1696, nicht auf dem Märchen Dornröschen der Gebrüder Grimm.
Tschaikowski hielt „Dornröschen" für sein bestes Ballett.
Und in diesem Ballett gibt es natürlich auch einen Walzer.
Und diesen spielt für Sie jetzt die Südwestdeutsche Philharmonie mit Kevin Griffith am Pult.
Gute Unterhaltung!

Johann Strauß: Tritsch-Tratsch-Polka op. 214

Ich komme wieder zurück auf Johann Strauß. Wir kennen ihn alle als den Walzerkönig.
Für mich ist er aber genauso auch der Polka-König.
Der Tradition seines Vaters folgend, hat er die Polka weiter ent-wickelt: Mehr Tempo, mehr Rasanz. Das lag natürlich an der damaligen Zeit. Mit Beginn der Industrialisierung Mitte des 19. Jahrhunderts wurde die Welt beschleunigt: Eisenbahn, Maschi-nen, Telegrafie.
Heute bemühen wir uns hin und wieder um die Entschleunigung der Welt, was uns meistens nicht gelingt.
Aber ich möchte hier nicht weiter philosophieren.
Tatsache ist: Die Musik wurde schneller: Aus dem gemütlichen Ländler hatte sich der Walzer entwickelt, aus der bäurisch behä-bigen Polka die Schnell-Polka. Strauß nannte sie Galopp, ein Begriff aus der Reitersprache, die schnellste Möglichkeit, auf einem Pferd zu reiten.
Ähnliches passierte in Paris, wo Ende des Jahrhunderts der Can-Can entstand, und wir werden heute Abend noch die Farandole aus der „Arlesienne-Suite" hören: alles Paradebeispiele äußerst schneller Musik.

Johann Strauß hatte in der Saison 1858 zum dritten Mal bereits die Sommerkonzerte in Pawlowsk bei Sankt Petersburg geleitet. Dort war eine neue Schnell-Polka die entstanden. Nach seiner Rückkehr wurde sie im Herbst desselben Jahres in Wien uraufgeführt:

Die „Tritsch-Tratsch-Polka"

Viel Vergnügen!

Felix Mendelsohn-Bartholdy:
„Ein Sommernachtstraum", Rüpeltanz und Hochzeitsmarsch

Angefangen hatte alles damit, dass Felix Mendelssohn Bartholdy im Freundeskreis mit verteilten Rollen Shakespeare las: August Wilhelm Schlegels deutsche Erstübersetzung des „A Midsummer Night's Dream" war noch keine 30 Jahre alt, und Mendelssohn schmiedete begeistert Pläne, wie er seiner Schwester Fanny 1826 schrieb, einen „Sommernachtstraum" zu träumen".

Der 1826 komponierten Ouvertüre zum „Sommernachtstraum" folgte erst 17 Jahre später die weitere Musik. König Friedrich Wilhelm IV. von Preußen, der Mendelssohn als Kapellmeister zurück nach Berlin gerufen hatte, wünschte sich die musikalische Bereicherung des Schauspiels. So kam es zu der bunten Folge von Instrumentalsätzen, Melodramen und Chorliedern Ein Spiel mit Geistern, Elfen und Kobolden im nächtlichen Wald, mit verliebten jungen Paaren, die sich ihres Verliebtseins plötzlich nicht mehr sicher sein können; einer Elfenkönigin, die selbst Opfer eines Spuks wird und sich in einen Esel verliebt. Sie alle tummeln sich in Shakespeares zauberhafter Märchenwelt, taumeln von einer Verliebtheit in die andere, von einer Verwirrung in die nächste und letztlich doch einer Hochzeit entgegen.

Natürlich hören wir den „Hochzeitsmarsch". Er ist in allen nur denkbaren Arrangements auf dem Musikalienmarkt erhältlich

und als Inbegriff von Hochzeitsmusik beim Heiraten geradezu
unentbehrlich geworden.

Zuvor spielt uns die Südwestdeutsche Philharmonie erst noch
den „Rüpeltanz",und erst danach wird geheiratet!

Alexis Emmanuel Chabrier: España, Rhapsodie

Verlassen wir die deutsche Romantik, meine Damen und Herren.
Unsere musikalische Reise führt uns jetzt noch vor der Pause in
den Süden Europas, nach Spanien.
Da gibt es ein Musikstück, das mehr oder weniger jedermann
kennt. Jeder kann die Melodie mitpfeifen, wenn sie gespielt
wird, und doch wissen die wenigsten, wie dieses Stück heißt
oder kennen gar den Namen seines Komponisten: Emmanuel
Chabrier

Sein Vater war Rechtsanwalt in Paris, und so studierte der Sohn,
wie es sich gehörte, natürlich Jura. Doch viel lieber spielte er
Klavier und komponierte. Er war auch an Dichtung und Malerei
sehr interessiert und befreundete sich mit verschiedenen Künst-
lern. Der Impressionismus faszinierte ihn, und sein Freund
Édouard Manet malte zwei Porträts von ihm.
Für Klavier schrieb er 1881 die zehn „Pièces pittoresques", eines
seiner bedeutendsten Werke, und nach einem Spanienaufenthalt
entstand die Orchester-Rhapsodie „España", sein populärstes
Stück, das, wie gesagt, jeder mitpfeifen kann.

Arriva Espana!
Viel Vergnügen!

Carl Michael Ziehrer: Fächer-Polonaise op. 525
Johann + Joseph Strauß: Pizzicato-Polka
Johann Strauß: Banditen-Galopp op. 378

Eine Polonaise wird oft als Einleitung von Bällen getanzt. Meistens wird dazu auch heute noch die Fächerpolonaise" von Carl Michael Ziehrer gespielt. Alljährlich wird mit dieser Musik der Wiener Opernball eröffnet. Für uns heute Abend war sie die Einleitung zum 2. Programmteil, meine Damen und Herren.

Auf unserer musikalischen Reise sind wir noch einmal kurz in Wien, bevor es weitergeht wieder Richtung Süden.

Während eines weiteren Russlandaufenthaltes von Johann Strauß und seinen Musikern ist die „Pizzicato-Polka" entstanden.

Dieses humorvolle Musikstück ist eine Co-Produktion der beiden Strauß-Brüder: Johann komponierte den ersten Teil und die Coda, Joseph Strauß, der jüngere Bruder, schrieb den Mittelteil, das so genannte Trio.

Soll einer sagen, die Geige sei ein Streichinstrument! Der wird eines Besseren belehrt! Man kann sie auch ohne Bogen virtuos spielen, wovon Sie sich gleich selbst überzeugen können!

Danach folgt eine weitere Schnellpolka.

Johann Strauß war immer sehr erfinderisch mit passenden Titeln für seine überall mit Spannung erwartenden neuen Polkas.

Sie heißt: „Der Banditen-Galopp".

Gioacchino Rossini:
Ouvertüre zu „La scala di seta", (Die seidene Leiter)

Kein Neujahrskonzert der Südwestdeutschen Philharmonie, keine Programmplanung von Eduard Muri ohne eine Ouvertüre von Gioacchino Rossini.

„Die diebische Elster", Wilhelm Tell", „Die Italienerin in Algier" in den vergangenen Jahren.

Heute Abend, und da freue ich mich besonders: „La scala di seta", - „Die seidene Leiter" Sie ist eine der frühen Opern Rossinis. Er war damals gerade mal 20 Jahre alt. Vermutlich ist diese heitere Ouvertüre eines der ersten Stücke, in denen eine Rossini-Walze vorkommt, dieses für ihn typische Orchestercrescendo über mehrere Takte, in dem sich seine ganze motorische Energie entfaltet.

Im Alter von 37 Jahren verließ er Italien und zog nach Paris und komponierte so gut wie nichts mehr. Dafür kochte er u so lieber und ließ sich überall, wo er auftrat, begeistert feiern. Aus dieser Zeit stammt folgende Anekdote:

Ein glühender Verehrer wollte Rossini noch zu Lebzeiten ein Denkmal in Paris setzen und sammelte eifrig Geld dafür. Als Rossini davon erfuhr, wollte er wissen:

„Wieviel kostet denn so ein Denkmal?"

„Etwa 80.000 Francs."

„Mon Dieu, um Gottes Willen," sagte Rossini, „geben Sie mir die Hälfte und ich stelle mich selbst auf den Sockel!"

Genießen Sie nun die Ouvertüre zu „La scala di seta"!

Georges Bizet: Musik aus „Carmen" und „Arlésienne"

Meine Damen und Herren, folgen Sie uns noch einmal in den Süden Europas, nach Südfrankreich und nach Spanien. Ich erwähnte bereits, dass die damals neuen Operninhalte, in denen Halbweltdamen oder Zigeunerinnen in den Hauptrollen auftraten, beim Publikum nur schwer und sehr langsam ankamen. Deshalb fiel die Oper „Carmen" bei ihrer Uraufführung in Paris total durch.

George Bizet war darüber maßlos enttäuscht. Aber auf Anraten eines Freundes hat er wenigstens die schönsten Melodien seiner Oper in zwei Orchestersuiten noch einmal verarbeitet.
Für unser heutige Konzertprogramm wie geschaffen!
Aus der Carmen-Suite Nr. 1 hören Sie die „Aragonaise", das ist die Musik zwischen dem 3. und dem 4. Akt und „Les Dragons d'Alcala", die Entre-Acte-Musik zwischen dem 1. und dem 2. Akt.
Auch zu seinem Schauspiel „L'Arlesienne" hat Bizet zwei Orchestersuiten ergänzt.
Das „Minuetto" und die „Farandole" sind bekannte Beispiele aus der 2. Arlesienne-Suite.

Doch davor noch, liebes Publikum, es möge Sie erheitern, meine Kurzfassung zur Oper „Carmen":
Bitte nicht ganz ernst nehmen!

An Abenden, an schwülen, warmen,
gibt in Verona man die „Carmen".
Der Inhalt wäre rasch erzählt:
Ein Weib, das alle Männer quält!
Besonders einem, Don José,
tut Carmen mehrfach ziemlich weh,
weshalb am Schluss er sie ersticht
und dasteht als ein als Bösewicht.

Im Hintergrunde hören wir,
wie einer kämpft mit einem Stier.
In Spanien sei dies Tradition,
doch er, der Stier, hält nichts davon
und schickt das Sprichwort himmelwärts:
„Quäle nie ein'n Stier zum Scherz!"
Da kommt sofort der Tierschutzbund,
und tut dies klar als Straftat kund.
Dass Carmen tot da liegt stört keinen,
weil alle klatschen, statt zu weinen.

Fazit:
Sie lebte heut noch kerngesund,
wär' Mitglied sie im Tierschutzbund!

Franz von Suppé: Ouvertüre zu „Leichte Kavallerie"

Francesco Ezechiele Ermengildo Cavalieri Suppè Demelli war
der geniale Mitbegründer der Wiener Operette, die aus der heite-
ren Opera buffa entstanden war.
In seinen Adern floss wienerisches und belgisches Blut. Geboren
wurde er in der dalmatinischen Hafenstadt Split.
Nach dem Tod seines Vaters zog er nach Wien, um dort – Jura zu
studieren. Doch er spürte sehr bald, dass ihn Notentexte mehr
begeisterten als juristische Abhandlungen.
Mit 21 Jahren war er bereits Kapellmeister am Theater in der
Josephs-Stadt, später im Theater an der Wien.
Seinen unaussprechlich langen Namen verkürzte er kunstvoll in
Franz von Suppé.

Deshalb wird er am Ende seines Namens manchmal mit einem
accent d'aigu statt mit dem accent grave geschrieben.

Aus seiner Feder stammen so populäre Operetten wie „Die schöne Galathee", „Dichter und Bauer", „Banditenstreiche" und „Leichte Kavallerie".

Unser diesjähriges Konzert, unsere brillante Neujahrs-Konzert-Gala geht zu Ende mit Franz von Suppès Ouvertüre zu „Leichte Kavallerie".

Viel Vergnügen!

Zugabe:

Wir sind am Ende unsere musikalischen Reise quer durch Europa.

Die Reise durch das Neue Jahr 2010 hat eben erst begonnen.

Wohin die Reise geht, hängt nicht davon ab, woher der Wind kommt, sondern wie man die Segel setzt.

Wir haben es in der Hand. Wir müssen das Loslassen lernen, die Anker lichten. Doch wann ist die richtige Zeit?

Zwischen zu früh und zu spät liegt immer nur ein kurzer Augenblick. Es ist wichtig, seine Ziele nicht zu vergessen, bereit zu sein, neue Wege zu gehen und seine Wünsche und Ideale nicht täglich neu dem Alltag zu opfern. Solange man sich verändern kann, braucht man keine Angst vor dem Leben zu haben. Jeder Schritt zu neuen Zielen ist eine Perle, die wir auf die Kette unseres Lebens fädeln.

Und Nicolas Chamfort, ein französischer Schriftsteller des 18. Jahrhunderts formuliert es so:

„Das Glück ist keine leichte Angelegenheit, sondern eine schwere!

Es ist **in** uns und unmöglich, es anderswo zu finden!"

Meine sehr verehrten Damen und Herren, die Südwestdeutsche Philharmonie, Kevin Griffiths und ich wünsche Ihnen ein glückliches, gesundes Neues Jahr!

Kevin Griffiths

wurde 1978 in London geboren und machte bereits reiche Dirigiererfahrung mit Formationen wie dem Tonhalle Orchester, dem Luzerner Sinfonie Orchester, der Südwestdeutschen Philharmonie, der Anhaltischen Philharmonie Dessau, dem Brandenburgischen Staatsorchester, Orquesta Sinfonica de Navarra, dem Istanbul Sinfonie Orchester und dem Musikkollegium Winterthur.

Seine zweijährige Stelle als Junior Fellow in Dirigieren am Royal Northern College of Music hat er im Sommer abgeschlossen. Dort studierte er bei Sir Mark Elder und dirigierte Opern-Produktionen wie Ravels «L'heure espagnol», «L'Enfant et les Sortilèges» und «Die Fledermaus» von Johann Strauss.

Er ist Gründer und Dirigent des London Steve Reich Ensembles. Ihre Debüt-CD wurde für die Plattenfirma CPO eingespielt und mit dem Diapason d'Or gekrönt.

Ein wichtiger Bestandteil seiner künstlerischen Tätigkeit ist sein Einsatz, die klassische Musik Kindern zugänglich zu machen. Regelmässig dirigiert und moderiert er Konzerte für Kinder.

Namhafte Künstler wie Boris Pergamenschikow, Dimitri Aschkenazy, Ricardo Castro und Solisten der Berliner Philharmoniker traten mit Kevin Griffiths auf.

Einen grossen Einfluss auf seine Entwicklung als Dirigent hatte David Zinman, von dem er 2004 und 2005 ein fellowship an der Akademie in Aspen (USA) bekam, sowie Colin Metters, bei dem er an der Royal Academy of Music in London Orchesterleitung studierte und erfolgreich mit einem Postgraduate Diplom abgeschlossen hat.

Im Dezember 2009 hat Kevin Griffiths sein Debüt im Konzerthaus Berlin.

Ronald Holzmann

Geboren und aufgewachsen in der Uhrenstadt Furtwangen im Schwarzwald. Nach dem Abitur folgte ein Studium an der Pädagogischen Hochschule Freiburg/Breisgau in den Fächern Deutsch und Musik: Klarinettenunterricht bei Albert Kaiser, Gesangsunterricht bei Prof. Dieter Kern, Dirigieren bei Siegfried Lustig, Prof. Wolfgang Schäfer und Prof. Günther Weiss.

Seit 1973 arbeitete er als Lehrer an verschiedenen Schulen in Süddeutschland (Donaueschingen, Freiburg). 1990 erhielt er einen Lehrauftrag für Musikdidaktik am Staatlichen Seminar für die Ausbildung für das Lehramt an Realschulen Freiburg und bildete jahrelang junge Musiklehrer aus. Seit 1995 ist er Rektor der Realschule am Mauracher Berg in Denzlingen. Im Alter von 20 Jahren bereits leitete er die Stadtkapelle Furtwangen. Nach seinem Wohnungswechsel in den Freiburger Raum dirigierte er verschiedene Blasorchester. 1990 wurde Ronald Holzmann zum Verbandsdirigenten des Blasmusikverbandes Breisgau gewählt. Seit 1998 ist er Vorsitzender der Musikkommission im «Bund Deutscher Blasmusikverbände», einem Dachverband von ca. 1'200 Musikvereinen mit nahezu 72'000 Musikerinnen und Musikern. Seit vielen Jahren ist er als Juror bei Wertungsspielen und Wettbewerben tätig.

Programm

Wolfgang Amadeus Mozart 1756 – 1791
Ouvertüre «Die Zauberflöte» KV 620

Pjotr Iljitsch Tschaikowski 1840 – 1893
Aus der Oper «Eugen Onegin»
Polonaise und Walzer

Nikolai Rimski-Korsakow 1844 – 1908
Der Hummelflug aus «Tsar Saltan» op. 57

Johann Strauss 1825 – 1899
Freikugeln
Polka schnell op. 326

Josef Strauss 1827 – 1870
Delirien-Walzer op. 212

Joseph Lanner 1801 – 1843
Tourbillon-Galopp op. 142 Nr. 1

Franz von Suppè 1819 – 1895
Ouvertüre «Ein Morgen, ein Mittag, ein Abend in Wien»

Julius Fučík 1872 – 1916
Florentiner Marsch op. 214

Carl Maria von Weber 1786 – 1826
Aufforderung zum Tanz op. 65
orchestriert Hector Berlioz

Johann Strauss
Die Fledermaus · Quadrille op. 363

Johann Strauss
Annen-Polka op. 117

Franz von Suppè
Ouvertüre «Dichter und Bauer»

Léo Delibes 1836 – 1891
Csárdás aus der Ballettmusik «Coppélia»

Johann Strauss
An der schönen blauen Donau
Walzer op. 314

Tonhalle Zürich – Grosser Saal
Sonntag, 2. Januar 2011, 19.30 Uhr
Montag, 3. Januar 2011, 19.30 Uhr
Kultur- und Kongresszentrum Luzern – Konzertsaal
Dienstag, 4. Januar 2011, 19.30 Uhr

Brillante Neujahrs-Konzertgala 2011

Südwestdeutsche Philharmonie Konstanz
Eduard Muri · Kevin Griffiths, Leitung
Ronald Holzmann, Moderation

Wolfgang Amadeus Mozart
Ouvertüre « Die Zauberflöte » KV 620

Peter Tschaikowsky
Aus der Oper « Eugen Onegin »
Polonaise und Walzer

Nikolai Rimski-Korsakow
Der Hummelflug aus « Tsar Saltan » op. 57

Johann Strauß
Freikugeln
Polka schnell op. 326

Josef Strauß
Delirien-Walzer op. 212

Joseph Lanner
Tourbillon-Galopp op. 142 Nr. 1

Franz von Suppè
Ouvertüre « Ein Morgen, ein Mittag, ein Abend in Wien »

———————————

Julius Fučík
Florentiner Marsch op. 214

Carl Maria von Weber
Aufforderung zum Tanz op. 65
orchestriert Hector Berlioz

Johann Strauß
Die Fledermaus · Quadrille op. 363

Johann Strauß
Annen-Polka op. 117

Franz von Suppè
Ouvertüre « Dichter und Bauer »

Léo Delibes
Csárdás aus der Ballettmusik « Coppélia»

Johan Strauß
An der schönen blauen Donau
Walzer op. 314

Wolfgang Amadeus Mozart:
Ouvertüre „Die Zauberflöte" KV 620

Guten Abend, meine sehr verehrten Damen und Herren. Seien Sie herzlich willkommen zu unserer Brillanten Neujahrs-Konzertgala 2011.
Viele unter Ihnen sind treue Konzertbesucher und wir sehen uns immer wieder kurz nach dem Jahreswechsel, um mit heiteren, beschwingten Melodien das neue Jahr gemeinsam zu begrüßen, und ich begleite Sie auch wieder gerne durch das Programm. Normalerweise beginne ich meine Moderation immer erst, nachdem Musik erklungen ist. Doch heute mach ich eine Ausnahme, sowohl im 1. wie auch im 2. Programmteil unseres Konzertes. Sie haben es bereits gelesen: Kevin Griffiths wird den 1. Programmteil leider nicht dirigieren.

Er musste sich einer unaufschiebbaren Operation unterziehen. Es geht ihm nach seiner Operation schon wieder besser, so dass er heute als Zuhörer unter uns sein kann. Wir heißen ihn herzlich willkommen und wünschen ihm vollkommene Genesung.
Am Dirigentenpult steht deshalb erstmals
Droujelub Yanakiew. (Auf ausgelegten Flyer hinweisen!)
Die Südwestdeutsche Philharmonie beginnt nun unter seiner Leitung mit der Ouvertüre zu einer der berühmtesten Opern aller Zeiten. Sie ist neben der „Carmen" die meistgespielte Oper weltweit:
Das ist „Die Zauberflöte" von Wolfgang Amadeus Mozart.
Meine Damen und Herren, begrüßen wir den jungen Maestro:
Droujelub Yanakiew!

Peter Tschaikowsky:
Polonaise und Walzer aus der Oper „Eugen Onegin"

Wir haben Mozarts zauberhafte Musik noch im Ohr, aber wir verlassen Wien und gehen mit den beiden nächsten Musikstücken nach Russland. Peter Tschaikowsky hat im Zusammenhang mit seinem Bühnenwerk „Eugen Onegin" den Begriff Oper gerne vermieden. Er hat eher von lyrischen Szenen gesprochen. Der Geschichte von „Eugen Onegin" liegt ein Versepos von Alexander Puschkin zugrunde, also eine Erzählung in Gedichtform, so ähnlich wie die alten Epen des griechischen Dichters Homer überliefert sind: Die berühmte „Ilias" und die „Odyssee". Es ist eine Liebesgeschichte zwischen dem Großstadtmenschen Eugen – er ist Gutsbesitzer - und dem Mädchen vom Lande, Tatjana. Sie liebt ihn, doch er erwidert ihre Liebe nicht. Als er später dann merkt, dass er sie doch liebt, will sie nicht mehr, obwohl sie ihn immer noch liebt. Also äußerst kompliziert, wie im wahren Leben, und wäre doch so einfach zu lösen!

Wir hören zwei Tanzszenen aus dieser Oper:
Die Polonaise und den Walzer.
Dazu wünsche ich Ihnen viel Vergnügen!

Nikolai Rimski-Korsakow:
Der Hummelflug aus „Tsar Saltan"op. 57

„Stimmt es, dass Hummeln gemäß einschlägigen aerodynamischen und physikalischen Gesetzen gar nicht fliegen können, weil sie zu schwer für ihre Flügelfläche sind?
Wenn ja, weshalb fliegen sie dennoch?"
Dieser Fragesteller nimmt Bezug auf einen Mythos, der zwar alt, aber falsch ist. Der angebliche physikalische Beweis beruht auf der völlig falschen Annahme, dass Hummeln (wie viele andere Insekten) wie ein normales Flugzeug mit starren Tragflächen

fliegen. In Wahrheit beschreiben die Hummel-Flügel aber eine komplizierte Bahn, bei der die Flügelflächen gleichzeitig noch hin- und hergekippt werden. Der Auftrieb entsteht dabei auf sehr komplexe Weise, vor allem durch Wirbelbildung, etwa ähnlich wie bei einem mit Effet geschlagenen Ball.

Die schnellen Flügelschläge, die wir als Brummton hören, sind für diese unstete Aerodynamik notwendig. Man kann überspitzt auch sagen, dass Hummeln mittels eines kontrollierten Absturzes fliegen. Der Volksmund würde aber sagen: Hummeln können nur deshalb fliegen, weil sie keine Physik können!

Keine Angst, meine Damen und Herren, hier endet mein physikalischer Vortrag. Sie wollen ja Musik hören!

In Nicolai Rimsky-Korsakows Oper „Das Märchen vom Zaren Saltan" kommt ein berühmter Hummelflug vor.

In der Geschichte geht es um einen mächtigen Zaren, eine gute und zwei böse Schwestern und eine Base. Einen jungen Prinzen gibt es natürlich auch. Der muss, in eine Hummel verzaubert, miterleben, wie die böse Base eine raffinierte Intrige gegen ihn anzettelt. Das ärgert ihn, und er rächt sich, so wie das eine Hummel eben tut: Durch einen schmerzhaften Stich.

Diese Szene wird in der Oper zu einem turbulenten Ensemble. Alle mischen sich ein, die Soprane der Schwestern, der Alt der bösen Base mit der Blase auf der Nase und der Zar, der natürlich im Bass. Das Orchester aber illustriert den schwirrenden Flug des Hummel-Prinzen. Dieser „Hummelflug" ist zu einer musikalischen Vielzweckwaffe geworden. Instrumentalisten aller Art, vom Piccoloflötisten bis zum Kontrabassisten, benützen das Stück für ihre virtuosen Drahtseilakte.

Mit Gebrumm und mit Gesumm
Fliegt er lang um sie herum,
Fliegt ihr mitten auf die Nase,
Sticht sie - eine große Blase
Schwoll empor - und alles schrie:
"Fangt die Hummel, tötet sie!
Warte nur, wir wollen dich!"

Doch der Prinz im Nu entwich
Durch das Fenster, flog hinaus
Übers blaue Meer nach Haus.

Johann Strauß: Freikugeln, Polka schnell op. 326
Josef Strauß: Delirien-Walzer op. 212

Kehren wir zurück nach Wien. Was jetzt folgt, ist ausschließlich
Tanzmusik: Polkas, Galopp, Quadrille, Csárdás und natürlich
der Tanz aller Tänze, der Walzer, der Wiener Walzer, meine
Damen und Herren.

Ein Vater hatte drei Söhne, so beginnt manche Geschichte, bereits
in der Bibel.
Johann Strauß, der Komponist des berühmten Radetzky-
Marsches, war ein solcher Vater.
Erster Sohn: Johann, zweiter Sohn Joseph und der dritte hieß –
wie Herr Muri - Eduard.

Wie wir wissen, sind sie alle in die Fußstapfen ihres Vaters getre-
ten und auch Musiker geworden, obwohl er dies bei allen dreien
mit Nachdruck verhindern wollte.
Klavierspielen durften sie lernen, das gehörte zur Bildung nach
Meinung von Vater Strauß.

Er hat sie nach der Elementarschule aufs Polytechnische Institut geschickt. Joseph wurde ein gefragter Bauzeichner und gilt als Erfinder einer mechanischen Straßenkehrmaschine!

Aus den autobiografischen Skizzen des ältesten, Johann Strauß – Sohn, so wird er in die Musikgeschichte eingehen, erfahren wir:

Ich lernte auf eigene Faust Violine. Um meinen Lehrer aber bezahlen zu können, gab ich Klavierstunden. Sechzig Kreuzer erhielt ich für die Stunde.

Nun sagte mein Lehrer, - es war des Vaters Primgeiger , Amon, der dadurch bald seine Stellung im Tanzorchester bei meinem Vater riskiert hätte – ich müsse immer vor dem Spiegel üben, um mir eine elegante Haltung und schöne Bogenführung anzugewöhnen, denn für jemanden, der sich exponieren müsse, sei Eleganz der Erscheinung unerlässlich.

Eine Tages stehe ich wieder vor dem Spiegel und geige drauf los, da thut sich die Thür auf, und herein tritt mein Vater. „Was?", schreit er, „Du spielst Geige?" – Er hatte keine Ahnung davon gehabt. Es gab eine heftige und recht unerquickliche Szene. Mein Vater wollte von meinen Plänen durchaus nichts wissen."

Der Vater wollte wohl nicht, dass seine Söhne auch solch ein unstetes Musikerleben führen sollen, wie er: Abend für Abend unterwegs, vor allem in der Karnevalszeit so gut wie nie zu Hause!
Aber das musikalische Talent hat sich bei allen dreien durchgesetzt, Gott sei Dank!

Hören wir nun zunächst die Schnellpolka „Freikugeln" von Johann Strauß-Sohn, in der das Schießen musikalisch nachgeahmt wird und danach von Joseph Strauß den „Delirien-Walzer".
Beide Stücke passen wunderbar zum Neujahrsbeginn!

Joseph Lanner: Tourbillon-Galopp op. 142 Nr. 1

Über die Familie Strauß habe ich Ihnen schon einiges erzählt.
Wer aber war Joseph Lanner?

Natürlich verbinden wir mit seinem Namen ebenso wie mit dem
Namen Strauß die Stadt Wien und die Musik Wiens. Lanner war
auch ein gefeierter Violinist. Er gilt neben Johann Strauss (Vater)
als Begründer des Wiener Walzers. Beide waren etwa gleich alt.
Beide hatten ein Tanzorchester gegründet, erst Lanner, dann
Strauß, der ursprünglich bei Lanner mitgespielte hatte.
Ein Zeitgenosse schreibt:

*„Er wurde binnen kurzem so populär, das sich das tanzlustige Wien in
zwei Partheien spaltete – die Lannerianer und die Straußianer, deren
jede auf das hitzigste für ihren Abgott eintrat Zum Lobe der guten alten
Zeit muss ich bemerken, dass dieser Kampf der Partheien die persönli-
che Beziehung zwischen Lanner und Strauß nicht zu trüben vermoch-
te."*

Die bis dahin behäbige Polka entwickelten sie zu einem rasanten
Tanz: Strauß sprach von Schnell-Polka oder Polka-schnell, Lan-
ner bevorzugte den Begriff „Galopp".
Ein Tourbillon, meine Damen und Herren, ist ein Wirbelwind.
Und genauso heißt der folgende Galopp opus 142, Nr.1 von
Joseph Lanner. Gute Unterhaltung!

Franz von Suppè:
Ouvertüre zu „Ein Morgen, ein Mittag, ein Abend in Wien"

Francesco Ezechiele Ermengildo Cavalieri Suppè Demelli, meine
Damen und Herren, diese Reihung von Vornamen sage ich immer wieder gerne, wenn es um Franz von Suppè geht: Er war der
geniale Mitbegründer der Wiener Operette, die damals aus der
heiteren Opera buffa entstanden war.
In seinen Adern floss wienerisches und belgisches Blut. Geboren
wurde er in der dalmatinischen Hafenstadt Split, kam aber nach

dem Tod seines Vaters nach Wien um dort – Jura zu studieren.
Aber er spürte sehr bald, dass ihn Notentexte mehr als juristische
Abhandlungen begeistern.

Mit 21 Jahren war er bereits Kapellmeister am Theater in der
Josephs-Stadt, später im Theater an der Wien.
Seinen unaussprechlich langen Namen verkürzte er kunstvoll in
Franz von Suppé.
Aus seiner Feder stammen so populäre Operetten wie „Die schö-
ne Galathee", „Banditenstreiche", „Leichte Kavallerie" und, dazu
kommen wir später noch, „Dichter und Bauer".
Hören Sie nun vor der Pause Franz von Suppès Ouvertüre zu
„Ein Morgen, ein Mittag, ein Abend in Wien."

Das Solo-Cello spielt John Wennberg.
Sie werden ihn auch später noch mehrfach als Solisten erleben.
Und wenn es einmal auch nur ein einziger Ton sein wird!

Julius Fučík: Florentiner Marsch op. 214

Meine Damen und Herren, willkommen zurück nach der Pause:
Zweiter Teil der Brillanten Neujahrs-Konzertgala 2011.
Die folgende Moderation bereitet mir große Freude!
Nach zweijähriger gesundheitlich bedingter Unterbrechung steht
Eduard Muri heute wieder am Pult seines geliebten Orchesters.
Seine gesundheitliche Situation war ernst, zeitweilig sogar le-
bensbedrohend.
Freuen wir uns alle, dass er jetzt wieder für uns dirigieren kann!

Im Dezember 1972 (vor 38 Jahren) hat Eduard Muri die Südwestdeutsche Philharmonie zum ersten Mal dirigiert, damals
noch (hier) im ehrwürdigen Kunsthaus Luzern.
Bis zum heutigen Tag folgten einige hundert Konzerte unter
seiner Leitung.

Eduard Muri hat sich zu Beginn für Sie einen Marsch ausgewählt, den er besonders mag: Den „Florentiner-Marsch" von Julius Fucik. Fucik war Schüler von Anton Dvoràk, und ein Marsch ist bei ihm nicht nur:

umta – umta- um ta-ta,

sondern im Trio-Teil schreibt er eine völlig unübliche Marschbegleitung:

Und darüber entfaltet sich eine herrliche Melodie, die Sie alle kennen und innerlich mitsummen werden.

Florentiner-Marsch, gespielt von der Südwestdeutschen Philharmonie unter Leitung von Eduard Muri!

Carl Maria von Weber:
Aufforderung zum Tanz op. 65, orchestriert von Hector Berlioz

Dass Carl Maria von Weber in Eutin, in Norddeutschland geboren wurde, war mehr oder weniger ein Zufall. Seine Eltern waren beide alemannischer Herkunft, kamen aus meiner engeren Heimat, dem badischen Schwarzwald; aber der Vater war Leiter einer Wanderbühne, mit der er, als der kleine Carl geboren wurde, eben zufällig hoch oben im Norden Deutschlands gastierte.

Webers Schnellwalzer, „Aufforderung zum Tanz" ist eine Klavierkomposition mit dem Titel „Rondo brillant".
Wir verdanken es Hector Berlioz, dem großen Meister der Instrumentation, dass dieser Walzer auch von einem sinfonischen Orchester gespielt werden kann.
Als nämlich die Pariser Oper 1841 den „Freischütz" herausbrachte, verlangte die Gepflogenheit des Hauses eine Balletteinlage.
Weber war aber bereits verstorben, und Hector Berlioz wurde

beauftragt, das Problem zu lösen. Über diesen Auftrag war er nicht besonders glücklich. Er wählte das genannte Klavierstück aus, um daraus eine Orchesterfassung für das Ballett anzufertigen. Beim Publikum kam das sehr gut an. „L'invitation à la valse" blieb in Frankreich lange Zeit mit untrennbar mit dem Freischütz verbunden.

Übrigens: Diese Komposition ist der erste Schnellwalzer der Musikgeschichte. Komponiert hatte Weber ihn 1819.
Johann Strauß – Sohn war noch nicht geboren!
Was aber später er und seine Brüder, Franz Lehar, Emil Waldteufel und wie sie alle heißen so berühmt gemacht hat, Carl Maria von Weber hatte mit „Aufforderung zum Tanz" den Grundstein zu dieser damals neuen musikalischen Gattung gelegt:
Nach einer langsamen Einleitung erklingt eine Folge verschiedener Walzermelodien.

Hören Sie nun diese Orchesterfassung mit all ihrem Schwung und ihrer Eleganz, wie Eduard Muri und die Südwestdeutsche Philharmonie es nun unter Beweis stellen werden.
Und noch ein Hinweis, meine Damen und Herren!
Applaudieren Sie bitte nicht zu früh!
Webers Komposition endet so, wie sie begonnen hat, mit einem langsamen, meditativen Ausklang nach dem Ende des Walzers, wo man eigentlich gerne schon klatschen würde.
Gute Unterhaltung!

Johann Strauß: Die Fledermaus-Quadrille op. 363
Johann Strauß: Annen-Polka op. 117

Ich komme nochmals auf Johann Strauß Vater und Sohn zurück. Der Vater konnte nicht verhindern, dass seine Söhne auch Musiker wurden. Allen voran der älteste machte ihm in Wien bald Konkurrenz, was zu erheblichen Beziehungsproblemen führte:

„Ich bin gesonnen, mit einem Orchester von 12 bis 15 Personen zu spielen, in Gastlocalitäten und zwar beim Dom-Mayer in Hiezing, welcher mir bereits die Zusicherung machte. Die übrigen Localitäten weiß ich derzeit noch nicht zu bestimmen, glaube aber, dass ich hinreichend Beschäftigung und Verdienst erhalten werde."

In der Tat:
Es fanden sich 24 Spieler, die er unter Vertag nahm, junge, meist ledige Männer zwischen 20 und 30 Jahren. Sie mussten folgenden Vertrag unterschreiben:

Die unfertigen Orchester Mitglieder verbinden sich bey allen von Herrn Kapellmeister Strauß zu bestimmenden Proben und Productionen zu den festgesetzten Stunden pünktlich einzufinden und die ihnen übertragenen Dienstleistung mit Eifer und Fleiß zu vollziehen und zur Beförderung des günstigen Erfolges nach ihren besten Kräften mitzuwirken. Der Orchesterraum ist mit der vor dem Publikum erforderlichen Stille zu betreten und am Ende zu verlassen.
Entlassungsgründe sind:
Erwiesene wiederholte Dienstes Vernachläßigung, unruhiges Betragen, oder Widerspenstigkeit gegen die Anordnungen des Herrn Kapellmeisters Strauß, so wie der nicht zu gewärtigende Fall der Trunkenheit eines Orchestermitglieds..."
So sahen Arbeitsverträge damals aus, meine Damen und Herren Philharmoniker!
(Ich weiß ja nicht, was Sie unterschrieben haben!)

Hören wir als nächstes von Johann Strauß die „Feldermaus-Quadrille" und danach die
Annen-Polka opus 117.

Franz von Suppè: Ouvertüre „Dichter und Bauer"

Über Franz von Suppè sprachen wir schon, meine Damen und Herren.

Als Komponist war er sehr produktiv. Seine Orchester- und Kammermusik wurde leider wenig beachtet. Es gibt von ihm sogar ein Requiem, was kaum einer kennt.

Hauptsächlich aber schrieb er die Musik zu über 190 Possen und Komödien. Aus dem Lustspiel *Dichter und Bauer* von Karl Elmar machte er eine Operette.

Darin geht es um heiratswillige Bauernburschen und Mädels und um den verwaisten Steinerhof. Doch bevor aus dem verlorenen Sohn ein echter Steinhofbauer und ein erfolgreicher Dichter wird, müssen erst allerlei komische und groteske Hürden zwischen den Bauern und den Städtern genommen werden.

Schließlich aber finden die richtigen Liebesleut zueinander, und auf dem Steinerhof wird Hochzeit gehalten. Happyend, nennt man das auf Neudeutsch! Komödien, und Operetten sind vertonte Komödien, haben doch immer dasselbe Strickmuster: Im 1. Akt wird das Netz gesponnen, in welchem im 2. Akt alle zappeln, und im 3. Akt wird es entwirrt.

Und noch etwas:

Vor fast 60 Jahren entstand in Österreich ein Musikfilm über Suppès Leben. Der Filmtitel „Hab ich nur Deine Liebe" stammt aus der Operette „ Boccaccio".
Und nun raten Sie, wer damals in diesem Film (1953) der Hauptdarsteller war?

Ein berühmter Operetten-Tenor, der vor kurzem 107 Jahre alt geworden ist: Jawohl, meine Damen und Herren, Johannes Heesters!

Für Sie heute Abend noch einmal im Programm eine der bekannten Suppè-Ouvertüren:
„Dichter und Bauer"
Viel Vergnügen!

Léo Delibes: Csárdás aus der Ballettmusik „Coppélia"

Musikalisch sind wir heute Abend überwiegend in Wien zu Gast, meine sehr verehrten Damen und Herren.
Neben Wien war im 19. Jahrhundert aber immer auch Paris ein Zentrum musikalischer Entwicklungen, vor allem im Bereich der Oper und des Balletts.
Die Kinder dieser Zeit bekamen zu Weihnachten kein elektronisches Spielzeug zu Weihnachten geschenkt wie es heutige Kinder sich wünschen, sondern mechanisches. Beliebt war z.b. ein Äffchen, das die Zimbeln schlägt, wenn man es zuvor mit einem Schlüssel aufgezogen hatte. Die Mechaniker waren eben damals die modernen Spezialisten!

Das Ballett Coppélia basiert auf einer Erzählung von E.T.A. Hoffmann über einen solchen Spezialisten, den Spielzeugmacher Dr. Coppelius.
Er möchte eine Puppe zum Leben zu erwecken.
Der ganze Schwindel wird jedoch entlarvt. Die Puppe Coppélia kann zwar wunderbar tanzen, aber es fehlt ihr etwas ganz Wesentliches: Sie hat keine Seele!
An einer Stelle wird in diesem Ballett ein Csárdás getanzt, und der Komponist Leo Delibes zeigt seinen Kollegen im fernen Wien, dass auch ein Franzose die Musikstile der Donaumonarchie beherrscht und ungarische Tanzmusik schreiben kann.

Lassen Sie sich einfangen von diesen Puszta-Klängen:
Der berühmte Csárdás aus der Ballett-Suite „Coppélia"!

Johann Strauß: An der schönen blauen Donau, Walzer op. 314

Johann Strauß wurde 1863 zum k.und k. Hofball-Musikdirektor ernannt. Damals war er 38 Jahre alt und seine Popularität wuchs von Jahr zu Jahr. Bereits das achte Mal in Folge verbrachte er den Sommer im russischen Pawlowsk, wo er und seine Musiker stürmisch gefeiert wurden.

In diese Zeit fällte auch ein Walzer-Wettstreit zwischen ihm und Jaques Offenbach, „Abendblätter" war der Titel bei Offenbach, und „Morgenblätter" hieß der Walzer von Strauß, den Strauß natürlich gewann.

Sein Melodieerfindungsgeist schien grenzenlos.
Er komponierte den Walzer aller Wiener Walzer,
„An der schönen blauen Donau".

Schon die Einleitung ist einzigartig: Hörnerklänge über dem Tremolo der Geigen malen ein wunderschönes Naturbild, eine idyllische Szene. Und dann, nach spannungsvoller Pause, beginnt der Walzer, dessen Melodie aus einem einfachen D-Dur-Dreiklang hergeleitet ist. (Moderator singt D-Dur-Dreiklang.)

Und es zeigt sich einmal mehr:
Einfachheit ist höchste Kunst!

Die Uraufführung wurde jubelnd aufgenommen, das Werk schlug zündend ein. Das „Neue Fremdenblatt" ließ am 17. Februar 1867 gar verlauten: „Dieser Walzer war ein entschiedener Schlager."
Ein neuer Begriff war damit geboren: Johann Strauß war der erste Schlager-Komponist der Welt!

Hören wir zum Abschluss unseres diesjährigen Neujahrskonzertes vom Walzerkönig Johann Strauß: „An der schönen blauen Donau".

Zugaben:

Zugaben des Orchesters folgen natürlich.
Ich will Ihnen auch gerne die Titel bekannt geben:

1. "Pizzicato-Polka" von Johann und Josef Strauß
   Es dirigiert: Droujelub Yanakiew

2. "Der alte Brummbär", Polka comique von Julius Fucik
   Solist Matthias Ohlsen, Fagottist unseres Orchesters
   unter der Leitung von Eduard Muri

Meine kleine literarische Zugabe an Sie stammt aus der Feder von Fridolin Tschudi, einem Dichter, der vor knapp hundert Jahren (hier) in Zürich geboren wurde.

Mit Verstand ein Weinlein schlürfen, froh sein, dass wir leben dürfen,
Eine hübsche Jungfer küssen, nie sich sklavisch ducken müssen.
Freundschaft mit den Freunden pflegen, möglichst sich normal bewegen.
Keinem die Erfolge neiden, dankbar werden, und bescheiden.
Aber mit sich selbst im Klaren, dennoch seinen Stolz bewahren.
Die Talente frei entfalten; kritisch sich, und wach verhalten.
Gegen die Vergreisung kämpfen, seine eigne Stimme dämpfen.
Auch die Gegner gelten lassen, weder sich noch and're hassen.
Niemals wegen Nichtigkeiten blau sich ärgern oder streiten,
Oder hypochondrisch werden und dadurch sein Glück gefährden.
Sondern still sein Weinlein schlürfen und – solange wir's noch dürfen – die erwähnte Jungfer küssen.

Das ist alles, was wir wollen, respektive können sollen – respektive können müssen.

Meine sehr verehrten Damen und Herren,
die Südwestdeutsche Philharmonie,
Eduard Muri, Droujelub Yanakiew und ich wünschen Ihnen ein glückliches, gesundes und friedvolles Neues Jahr!

Tonhalle Zürich Grosser Saal
Montag, 2. Januar 2012, 19.30 Uhr
Dienstag, 3. Januar 2012, 19.30 Uhr

KKL Luzern Konzertsaal
Sonntag, 8. Januar 2012, 18.30 Uhr

Artemus Konzerte Zürich

Brillante Neujahrs-Konzertgala 2012

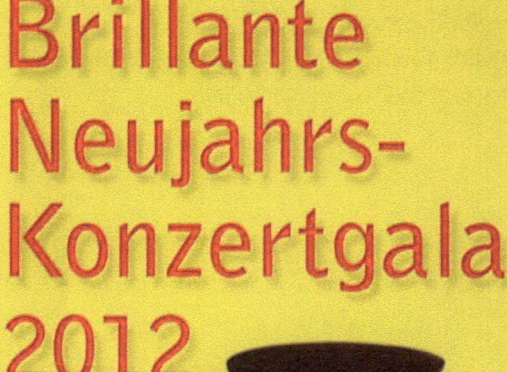

Südwestdeutsche Philharmonie Konstanz

Kevin Griffiths · Leitung

Zora Slokar · Horn
Solo-Hornistin Orchestra della Svizzera Italiana OSI

Branimir Slokar · Posaune

Ronald Holzmann · Moderation

Zora Slokar

Zora Slokar wurde in Bern geboren. In ihrer noch jungen Karriere spielte sie als Solistin schon mit renommierten Orchestern wie dem Tschaikowsky-Rundfunk-Sinfonieorchester Moskau, Radio/TV Orchestra Ljubljana, Orchestre de Chambre de Genève, Istanbul Devlet Symphony Orchestra, Capella Istropolitana, dem Orchestra di Camera di Milano und dem Orchestra della Svizzera Italiana.

Sie ist eine passionierte Kammermusikerin und regelmässig zu Gast bei wichtigen Kammermusikfestivals wie dem Lockenhaus Kammermusikfest, Verbier Festival, December Nights Moskau, Musikfest Kreuth Oleg Kagan, Progetto Martha Argerich Lugano und dem Festival Chamber Music connects the World Kronberg. Sie spielte als Partnerin von Gidon Kremer, Martha Argerich, Eduard Brunner, Sergio Azzolini und Maurice Bourgue.

Zora Slokar gewann viele Preise und Auszeichnungen, wie 2002 den ersten Preis am Anemos Wettbewerb in Rom und eine Finalteilnahme am Paxman Wettbewerb Young Horn Players in London. 2003 gewann sie den ersten Preis am Ceccarossi Wettbewerb in Orsogna, Italien und 2007 den Kiwanis Förderpreis in Zürich. Sie war auch Stipendiatin des «Migros-Kulturprozent» und wurde als junge Solistin von der Orpheum Stiftung Zürich gefördert.

Ihre musikalische Ausbildung begann als Fünfjährige mit der Violine. Nach dem Violin-Lehrdiplom konzentrierte sie sich ganz auf das Hornspiel, welches sie im Alter von 16 Jahren mit ihrem Vater als Lehrer begann. Sie studierte danach bei Erich Penzel in Maastricht, wo sie 2003 den Bachelor's Degree erhielt. 2008 erhielt sie ihr Solistendiplom an der Hochschule der Künste Zürich in der Klasse von Radovan Vlatkovic.

Als Solohornistin spielte sie in vielen namhaften Orchestern wie dem Gustav Mahler Jugendorchester, Verbier Festival Orchestra und dem Ensemble Modern Frankfurt.

Sie ist Solo-Hornistin im Orchestra della Svizzera Italiana OSI

Branimir Slokar

Branimir Slokar wurde 1946 in Maribor, Slowenien, geboren. Bis zu seinem 17. Lebensjahr galt sein Interesse nebst der Schule hauptsächlich dem Sport. Erst durch den Film «The Glenn Miller Story» wurde seine Leidenschaft für diese Art von Musik geweckt, und er begann Posaunenunterricht zu nehmen. Bereits zwei Jahre später erhielt er seine erste Anstellung als Posaunist beim Radio Symphonieorchester Ljubljana. Gleichzeitig begann er nach dem Abitur ein Psychologiestudium an der Universität Zagreb. Nachdem er kurz darauf beim 7. Jugoslawischen Musikwettbewerb in Zagreb den 1. Preis für Posaune gewonnen hatte, beschloss er, sich fortan ganz der Musik zu widmen. 1969 beendete er sein Studium an der Musikakademie in Ljubljana mit Auszeichnung und bildete sich anschliessend am «Conservatoire National Supérieur de Musique» in Paris weiter. Nach einem Jahr schloss er seine Studien in Paris wiederum mit einem ersten Preis ab.

1973 war Branimir Slokar Preisträger beim internationalen Musikwettbewerb in Genf und 1974 gewann er den ARD-Musikwettbewerb in München.

Nach rund zehnjähriger Tätigkeit als Soloposaunist in mehreren namhaften Orchestern entschied er 1979, sich ausschliesslich seiner Solistenkarriere und seiner pädagogischen Tätigkeit als Professor an verschiedenen Musikhochschulen der BRD (in Köln, Trossingen und heute in Freiburg i.Br.) und in Bern zu widmen.

Eine rege Konzerttätigkeit als einer der international gefragtesten Posaunenvirtuosen und ebenso als Kammermusiker mit dem von ihm 1973 gegründeten Posaunenquartett führte Branimir Slokar bisher nicht nur in fast alle europäischen Länder, sondern auch mehrfach nach Asien und in die USA. Zudem hat er praktisch alle einschlägigen Werke für Posaune und Orchester/ Orgel/Klavier auf CD eingespielt. In jüngster Zeit sind ebenfalls die ersten CDs mit Werken für Horn und Posaune zusammen mit seiner Tochter Zora Slokar erschienen.

Programm

Giacomo Meyerbeer 1791-1864
Krönungsmarsch aus der Oper «Der Prophet»

Josef Strauss 1827-1870
«Eingesendet» op. 240 · Polka schnell

Emile Waldteufel 1837-1915
«Les Patineurs» · Die Schlittschuhläufer
Walzer op. 183

Wolfgang Amadeus Mozart 1756-1791
Konzert für Horn und Orchester Nr. 1 D-Dur KV 412
Allegro
Rondo (Allegro)

Adolphe Adam 1803-1856
Ouvertüre «Si j'étais roi» (Wenn ich König wär')

Camille Saint-Saëns 1835-1921
«Marche Militaire Française»
aus der Suite Algérienne op. 60

Johann Strauss 1825-1899
Ägyptischer Marsch op. 335

Gioacchino Rossini 1792-1868
Ouvertüre zur Oper «Der Barbier von Sevilla»
(Il Barbiere di Siviglia)

Johann Strauss 1825-1899
Perpetuum mobile op. 257 · Ein musikalischer Scherz

Antonio Rosetti 1750-1792
Concerto für Horn, Posaune und Orchester
Allegro con brio

Johann Strauss 1825-1899
Vergnügungszug op. 281 · Polka schnell

Jacques Offenbach 1819-1880
Ouvertüre «Orpheus in der Unterwelt»

2012

Giacomo Meyerbeer:

Krönungsmarsch aus der Oper „Der Prophet"

Joseph Strauß: „Eingesendet", Polka schnell op. 240

Guten Abend, meine sehr verehrten Damen und Herren, herzlich willkommen zu unserer brillanten Neujahrs-Konzertgala 2012. Sie haben sich entschieden, das neue Jahr mit einem Musikgenuss zu beginnen, und ich freue mich, Sie auch in diesem Konzert wieder durch das Programm führen zu dürfen.

Dieses Programm hat Eduard Muri noch im vergangenen Frühjahr zusammengestellt, und bitte glauben Sie mir, er würde sich riesig freuen, wenn er jetzt sehen könnte, wie viele seiner Freunde, seiner treuen Konzertbesucher und auch Gäste, die erstmals gekommen sind, hier heute Abend den Konzertsaal füllen.

Es war Eduard Muris Idee, diese mittlerweile zur Tradition gewordenen Neujahrskonzerte mit der Südwestdeutschen Philharmonie zu gründen, um Sie, liebes Publikum, immer mit heiteren Melodien, mit schwungvoller Musik ins neue Jahr zu geleiten.
Und so wird es auch in diesem Jahr sein:
Kevin Griffiths, er hat in den vergangenen Jahren bereits zweimal einen Programmteil dirigiert hat, wird heute Abend die musikalische Leitung ganz übernehmen.
Mit dem berühmten „Krönungsmarsch" von Giacomo Meyerbeer haben wir begonnen.
Er hieß eigentlich Jakob Meyer Beer und er gehört zu den Komponisten, die man kaum kennt, von dem aber jeder von uns Melodien kennt und mitpfeifen kann, wie diesen Krönungsmarsch aus seiner Oper „Der Prophet".

Kein Neujahrskonzert ohne Musik der Familie Johann Strauß aus Wien!

Der mittlere der drei Strauß-Söhne, Josef, schrieb die Schnellpolka „Eingesendet".

Über Johann und Josef Strauß sagt der bekannte Dirigent Nikolaus Harnoncourt: „Josef dachte mehr in Tönen. Er arbeitete immer tonmalerisch. Bei ihm liegt alles in der Harmonik, bei Johann liegt der Zauber mehr in der Melodik. Aber es gibt ja auch Kompositionen, die sie gemeinsam schufen und ich könnte beim besten Willen nicht sagen, ob der eine besser war als der andere, so wenig wie ich sagen könnte, wer mehr Genie hatte: Mozart oder Beethoven.

Viel Vergnügen nun mit der Schnellpolka „Eingesendet", von Josef Strauß!

Emil Waldteufel: „Les Patineurs", Walzer op. 183

In jedem Neujahrskonzert in all den Jahren hatte Eduard Muri einen großen Konzertwalzer ins Programm genommen!
Oft stammten sie aus der Feder des Walzerkönigs Johann Strauß: „An der schönen blauen Donau", „Rosen aus dem Süden", G'schichten aus den Wienerwald, Wein, Weib und Gesang..." – Sie werden sich erinnern!

Weniger bekannt ist den meisten Emil Waldteufel, der eigentlich Charles Émile Lévy hieß und nicht sehr weit von hier, in Straßburg im Elsass das Licht der Welt erblickte und später mit seinen Eltern nach Paris zog.

Sein bekanntestes Werk ist der „Schlittschuhläufer-Walzer" op.183 („Les Patineurs") aus dem Jahre 1882.

In den siebziger Jahren des 20. Jahrhunderts wurden beim deutschen Schlagerpublikum die Themen aus zwei anderen Waldteufel-Walzern zu Ohrwürmern: Das Duo Cindy und Bert war mit „Wenn die Rosen erblühen in Malaga" damals ganz vorne in der Hitparade (nach dem Walzer „España", und „Spaniens Gitarren erklingen" (nach einer Melodie aus dem Walzer „Estudiantina").

Und meine Damen und Herren, wenn Sie im Augenblick den Titel „Die Schlittschuhläufer" noch nicht so richtig einordnen können: Auch diese Walzermelodien sind im besten Sinne zu Ohrwürmern geworden.

Gott sei Dank, hat bis heute noch keiner einen billigen Schlager daraus gemacht.

Viel Vergnügen!

Wolfgang Amadeus Mozart: Konzert für Horn und Orchester Nr. 1 D-Dur KV 412, Allegro und Rondo

Wolfgang Amadeus Mozart hat viele Solokonzerte komponiert, Klavierkonzerte, Violinkonzerte – beides Instrumente, die er selbst sehr gut spielen konnte – aber er schrieb auch für andere Instrumente.
Es gibt von ihm vier Hornkonzerte, obwohl er überhaupt nicht Waldhorn spielen konnte.
Wie so oft im Leben, sind es die zwischenmenschlichen Beziehungen, die entscheiden, ob etwas entsteht oder nicht entsteht.

Sie müssen sich folgende Situation vorstellen:
Mozart zieht 1781 von Salzburg nach Wien. Er ist 25 Jahre alt.
Eines Tages betritt er eine Käsehandlung, die einem gewissen Ignaz Leitgeb gehört, einem ehemaligen Salzburger.
„Ah, Sie kenn ich doch! Sind Sie nicht der junge Herr Mozart aus Salzburg. Ja, erinnern Sie sich nicht? Mit Ihrem Herrn Vater zusammen hab ich öfter musiziert. Wissen's, ich spiele Horn!"
Und dann:

„Könnten's nicht mal für mich ein Konzert schreiben, Sie sind doch so schnell im Komponieren, und alles was Sie schreiben klingt so wunderschön, so gefällig!"
So ähnlich hat es sich wohl zugetragen.
Und so kommt es:
Mozart schreibt für diesen Ignaz Leitgeb im Laufe der folgenden Jahre insgesamt vier Hornkonzerte.

Leitgeb ist aber schon ein etwas älterer Herr und seine Spielfertigkeit auf dem Hornlässt zu wünschen übrig.

Sie hatten jedoch ein sehr ungezwungenes Verhältnis zueinander, in dem Leitgeb sich trotz seines erheblich höheren Alters nahezu zum Hofnarren Mozarts machte.

Fast alle für Leitgeb komponierten Werke sind mit einem schriftlichen Hinweis auf den Hornisten versehen, meist eine ironische Bemerkung, so zum Beispiel die Widmung des Konzerts in Es KV 417: *Wolfgang Amadé Mozart hat sich über den Leitgeb Esel, Ochs, und Narr, erbarmt // zu Wien den 27: May 1783.*

Aber das alles ist lange her!

Heute Abend kommt zu uns eine junge Solistin auf die Bühne – Zora Slokar.

Sie ist Solo-Hornistin im Orchestra della Svizzera italiana und sie spielt für uns das zweisätzige Konzert für Horn und Orchester KV 412..

Die Mozart–Originalnoten sind noch erhalten, und in der Stimme des Solisten, eben damals Ignaz Leitgeb, sind fortwährend humorigen Bemerkungen von Mozart hineingeschrieben : *„Adagio – a lei Signor Asino (Esel), Animo – presto – su via – da bravo – Corrag-*

gio (Mut) – bestia – o che stonatura — bravo povretto" (Armer) – und am Schluss: *„grazia al Ciel! - Dem Himmel sei Dank! basta, basta!"*

In den gedruckten Notenausgaben heute steht dies natürlich alles nicht mehr, sondern nur noch Mozarts zauberhafte Musik.

Meine Damen und Herren, begrüßen wir Zora Slokar!

Adolphe Adam: Ouvertüre zu „Si j'étais roi"

Ein wunderbares Hornkonzert, meine Damen und Herren und eine großartige Solistin, Zora Slokar.
Hätte Mozart das Konzert für sie geschrieben oder würde er es heute gehört haben, würden über den Noten sicherlich andere Anmerkungen stehen:
„Zora, du bist klasse! Du bist ein Supergirl" „I love you!"

Zu Beginn waren wir heute Abend bereits einmal musikalisch in Frankreich.
Neben Giacomo Meyerbeer kennen wir dort auch Komponisten wie Adolph Adam und Camille Saint-Saens. Diese beiden folgen jetzt im Programm.

Adolph Adams Vorfahren stammten aus dem Elsass.
Er wurde aber in Paris geboren worden, wo er bis zu seinem Tode 1856 gelebt hat.
Es ist die Zeit der französischen Grand Opera und des Balletts.

„Wenn ich König wär'", der französische Originaltitel „Si j'étais roi", ist eine Komische Oper in drei Akten, die ganz und gar der Idee der französischen Romantik entspricht. Armes Fischermädchen – reicher Königssohn – Happyend!

Die Oper spielt im frühen 16. Jahrhundert in einem fantastischen Königreich, das Zugang zum Meer hat.

Folglich heißen die Szenen:

1. und 3. Akt: Meeresstrand mit Fischerhütte (arme Seite)
2. Akt: Prunkvoller Raum im Schloss (reiche Seite)

Das Werk gehört zu jenen heiteren, typisch französischen Opern, die sich auch dem ungeübten Hörer sehr leicht erschließen. Es stellt an ihn keine höheren Ansprüche, was aber nicht heißen soll, dass das Werk anspruchslos sei. Es will nur gut unterhalten, und das gelingt ihm auch. Auf den Spielplänen der Opernhäuser findet man „Wenn ich König wär'" heute nicht allzuoft. Aber die Ouvertüre – sie ist ein echter Klassiker, die hohe Anforderungen an alle Orchestermusiker stellt.

Hören Sie, wie Kevin Griffith und die Südwestdeutsche Philharmonie diese Anforderungen leicht und locker meistern.

Viel Vergnügen!

Camille Saint-Saens:
„Marche Militaire Francaise" aus der Suite „Algérienne"

Von Camille Saint-Saens, meine Damen und Herren, kennt man sein berühmtes Stück „Karneval der Tiere", das oft in Kinderkonzerten gespielt wird, aber eher für erwachsene Zuhörer geschrieben worden war, denn es enthält ganz viele Parodien auf seine Zeitgenossen, wie Berlioz oder auch Jaques Offenbach, und gerade in der Weihnachtszeit wird zunehmend Saint-Saens' wunderschönes Weihnachtsoratorium in vielen Kirchen aufgeführt.
Dagegen ist seine „Suite Algérienne" eher unbekannt.
Musikalisch setzt sich der Komponist mit einer fremden Kultur mit fremder Tonalität auseinander.
Die Musik klingt nach „Tausend und eine Nacht".

Die Suite ist viersätzig:
1. Prélude
2. Maurische Rhapsodie
3. Rèverie de soir (Abendträumerei)
Diese drei Sätze erklingen nicht, ich erwähne sie nur der Vollständigkeit halber.

Als Schlusssatz schreibt Saint-Saens einen typisch französischen Militärmarsch, den Sie als nächstes hören und mit dem wir Sie danach in die Pause entlassen.
Passend dazu geht es nach der Pause weiter mit dem „Ägyptischen Marsch" von Johann Strauß.

Bis dahin!
Gute Unterhaltung!

Johann Strauß: Ägyptischer Marsch op. 335
Gioacchino Rossini: Ouvertüre zu „Der Barbier von Sevilla"

Mit dem Ägyptischen Marsch von Johann Strauß haben wir unseren 2. Konzertteil begonnen. Eben konnte man sich doch so richtig vorstellen, wie eine Karawane vorbeizieht.
Da können die HL. Drei Könige nicht mehr weit sein.

Kommen wir zu Gioacchino Rossini, meine Damen und Herren.
Eduard Muri hatte so gut wie immer eine seiner beliebten Ouvertüren im Programm seiner Neujahrskonzerte.
Folgende Geschichte habe ich in einem Buch gefunden:
Sie handelt von der Begegnung Rossinis mit Beethoven in Wien:
„Rossini betrat ein im Viereck gebautes verwahrlostes Haus. Es roch nach Käse, Heringen und Branntwein. Signor Carpani, ein

musikliebender Herr von der Gesandtschaft des Kirchenstaates, begleitete ihn.

‚Ah, Rossini, der Komponist des >Barbiere di Siviglia<, sagte der Mann, in dessen Wohnung man sie eingelassen hatte. Der unbefangene Carpani, der schon oft bei Beethoven gewesen war und sich auskannte, nahm eines der Konversationshefte vom runden Tisch in der Mitte. Er schrieb in das Heft die Huldigung, die Rossini ihm diktierte. Beethoven blieb stehen und las, was Carpani soeben geschrieben hatte.

‚Mille Grazie", sagte er auf Italienisch, und meinen Glückwunsch! Euer ‚Barbiere' ist eine ausgezeichnete Buffo-Oper. Ich habe sie mit Vergnügen gelesen, denn ich höre ja nichts. Man wird sie spielen, solange es eine italienische Oper gibt. Versucht aber bitte nie etwas anderes als komische Opern! Es wäre eine Sünde, wenn ein Rossini in einem anderen Genre Erfolg suchen wollte."

Diese Begegnung in Wien des Jahres 1817 schildert uns der Rossini-Biograf Gerhard Schwarz.

Rossinis bekannteste Oper ist „Der Barbier von Sevilla". Sie Oper gehört zusammen mit ihrer heiteren Ouvertüre heute zu den meistgespielten auf den Bühnen der Welt, und das hat Beethoven damals wohl richtig eingeschätzt.

Kaum zu glauben, dass sie bei ihrer Uraufführung 1816 – also ein Jahr vor der Begegnung mit Beethoven - in Rom zunächst beim Publikum durchfiel, weil der junge Rossini aus Pesaro, das liegt in Norditalien, sich anmaßte, den selben Stoff zu behandeln, den der Neapolitaner Giovanni Paisiello bereits als Oper auf die Bühne gebracht hatte. Das römische Publikum hatte ihm das zunächst sehr verübelt, doch der Siegeszug des „Barbiere" ließ sich nicht aufhalten.

Ouvertüre zu „Il barbiere di Siviglia" – Per favore!

Johann Strauß: Perpetuum mobile op. 257

„Ich gebe zu, dreimal in meinem Leben geweint zu haben: Als mein „Barbiere" in Rom durchfiel, als ich Paganini die Violine spielen hörte und als bei einem Bootspicknick auf dem Comersee ein getrüffelter Truthahn über Bord fiel."

Ein gern und oft zitierte Satz von Gioacchino Rossini, als Nachklang zu dieser heiteren Ouvertüre.

Noch zweimal haben wir Johann Strauß heute im Programm, liebes Publikum!

Ähnlich wie Rossini war auch er ein Liebhaber guter Küche und guter Weine. Aus einer weinseligen Stimmung heraus beantwortete Strauß auf einem vorgefertigten Formular einmal Fragen zu seiner Person wie folgt:

Beruf: Walzerfabrikant

Lieblingsbuch: Postsparbuch mit viel Haben

Lieblingsmusikstück: (Moderator singt) O du lieber Augustin

Und sein Leitspruch:

Wärst net aufig'stiegen, wärst net abigfallen!

Hören wir als Nächstes seinen musikalischen Scherz „Perpetuum mobile".

Gleich befinden wir uns in einer musikalischen Endlosschleife. Wir drehen uns im Kreise, auch ohne Walzertakt. Unsere Damen und Herren Philharmoniker spielen sich schwindelig dabei – ganz zu unserem Vergnügen!

Antonio Rosetti:
Concerto für Horn, Posaune und Orchester, Allegro con brio

Antonio Rosetti – diesen Komponisten hatten wir noch gar nie im Programm – war ein Zeitgenosse von Wolfgang Amadeus Mozart. Ein paar Jahre älter als dieser und er hat Mozart um nur ein Jahr überlebt, starb also auch sehr jung mit gerade einmal 42.

Er stammte aus Böhmen und hieß Anton Rössler oder Rösler, aber Antonio Rosetti klingt schließlich weitaus künstlerischer, deshalb nannte er sich so.
Es ist wie bei Udo Jürgen Bockelmann.
Der hat sich auch umbenannt in Udo Jürgens!

Es gibt noch mehr Parallelen zwischen Mozart und diesem – ja nennen wir ihn, wie er sich das gewünscht hat – Rosetti:
Beide haben über 40 Sinfonien geschrieben und jede Menge Solokonzerte.
Von Rosetti sind 16 Hornkonzerte und acht Konzerte für zwei Hörner überliefert.
Und eines von diesen darf ich Ihnen jetzt ankündigen.

Es kommt noch einmal die charmante Zora Slokar zu uns und sie bringt ihren Vater und Lehrer Branimir Slokar mit.
Er spielt die Stimme des 2. Horns auf seiner Posaune.

Erfreuen Sie sich am 1. Satz „Allegro con brio" (mit Schwung) aus einem Concerto für Horn, Posaune und Orchester von Antonio Rosetti!

Johann Strauß: Vergnügungszug op. 281, Polka schnell

Noch einmal, wie angekündigt, haben wir Johann Strauß im Programm meine Damen und Herren.
Seine Zeit ist die Zeit der industriellen Revolution.
Es werden nach und nach Eisenbahnlinien eröffnet, und solche Anlässe wurden gebührend gefeiert.
Johann Strauß (Vater) hatte 1837 bereits einen „Eisenbahn-Lust-Walzer" zur Eröffnung der 1. österreichischen Dampfeisenbahn komponiert, von seinem jüngsten Sohn, Eduard Strauß, stammt eine Schnellpolka „Bahn frei!"

Und der Walzerkönig, Johann Strauß (Sohn) schreibt 1864 für einen Ball im Redoutensaal in Wien seine Schnellpolka „Vergnügungszug".
Inspiriert hatte ihn die Eröffnung der neuen österreichischen Südbahn-Linie, die vielen Wienern ermöglichte, die Stadt zu verlassen und mit Vergnügen übers Land zu fahren.

Steigen Sie ein! Der Zug fährt gleich ab! (Trillerpfeife!)

Jaques Offenbach: Ouvertüre zu „Orpheus in der Unterwelt"

Unser letztes Musikstück, meine Damen und Herren, führt uns zurück nach Paris, wo wir mit Giacomo Meyerbeer den heutigen Konzertabend begonnen hatten.
Ouvertüre zu „Orpheus in der Unterwelt" klingt nach antiker Oper, aber Sie wissen es, das ist das Vorspiel zu einer heiteren Operette von Jaques Offenbach:
Der Galop infernal, der berühmte Can-Can, erklingt am Ende der Ouvertüre und hat diesem Musikstück zum Weltruhm verholfen.

Bei Wikipedia habe ich gefunden:
Dieser Can-Can wird auch heute noch als eine der bekanntesten Melodien der Welt angesehen.

Dem kann ich nur zustimmen und ergänzen:
Jedenfalls ist es die schnellste Musik, die je komponiert wurde.

Nehmen Sie von diesem Schwung etwas mit hinein ins neue Jahr!

Zugaben:

Natürlich gibt es Zugaben, meine Damen und Herren.
Die beiden Solisten sind noch nicht abgereist, und das Orchester ist vorbereitet. Ich verspreche Ihnen noch eine kleine Singstunde mit Kevin.
Aber das wird er Ihnen selbst gleich erklären.

Als Zugabe meinerseits ein Gedicht, das ich für den heutigen Abschluss geschrieben habe:

Es heißt:

Gute Vorsätze

Im Neuen Jahr wird alles anders!
Ich leb' ab jetzt gesund!
Vermeide Stress und allen Ärger,
geh' Gassi mit dem Hund.

Im Neuen Jahr wird alles anders!
Ich ess' nicht mehr so fett
und gönne mir Gesundheitsschlaf
und gehe früh zu Bett.

Im Neuen Jahr wird alles anders!
Ich sag' auch mal: „Zum Wohl!",
mit einem Gläschen in der Hand
ganz ohne Alkohol!

Im Neuen Jahr wird alles anders!
Ich hör' das Rauchen auf
und mache jeden Morgen
Früh einen Dauerlauf.

Im Neuen Jahr wird alles anders!
Und schaff' ich's nicht, ich Tor,
dann nehm' ich mir fürs übernächste
nochmals das gleiche vor!

Meine sehr verehrten Damen und Herren!
Die Südwestdeutsche Philharmonie, Kevin Griffiths, Zora und
Branimir Slokar und ich, wir wünschen Ihnen ein glückliches,
gesundes neues Jahr!

Moment, da ist doch noch etwas?!
Hören Sie das, meine Damen und Herren?"
(Alphorn aus dem Hintergrund)

Ein Schweizer Alphornmotiv, das durch den deutschen Komponisten Johannes Brahms in die Musikgeschichte einging.
Brahms bezog 1866 eine Sommerwohnung in Fluntern bei Zürich, lernt u.a. Gottfried Keller kennen.
Über 14 Jahre arbeitete er an der 1. Sinfonie-
(Nach Beethoven war es für ihn schwierig, Sinfonien zu schreiben.)
Bei einem Aufenthalt am Thuner-See hörte er diesen Alphorn-Ruf.
Er schrieb eine Postkarte an Clara Schumann mit dem Alphorn-Motiv als musikalischen Gruß, das er so original zum Beginn des Finales seiner 1. Sinfonie dann auch verwendet hat.
(Moderator singt die Hornmelodie, Zora antwortet auf dem Alphorn aus dem Hintergrund.)

Unsere beiden Solisten des heutigen Abends, Zora und Branimir Slokar, entwickeln aus diesem Alphornmotiv ihre Zugabe für Sie.

Es war Eduard Muris Wunsch, dass es zum Abschluss hier in seiner Heimat, mitten in den Bergen, erklingt.

Ende